천년의 소리

천년의 소리

The Sounds of Millennia

신현웅 지음

웅진 지식하우스

이어령 초대 문화부 장관(오른쪽)을 모시고 달개비에서(2021년 10월 29일)

추천의 말

"호수 위에 백조가 우아하게 떠 있는 것은 그 물 밑에서 쉴 새 없이 움직이고 있는 물갈퀴가 있기 때문이다." 우리 문화계와 신현웅 이사장의 관계를 바라볼 때마다 생각나는 말이다. 오늘 날 한류를 비롯 한국 문화가 세계의 백조로 떠오르고 있는 그 뒤에는 신현웅과 같은 문화 관료(문화부 차관)의 피와 땀이 숨어 있었기 때문이다. 서울올림픽을 비롯 신설 문화부의 작은 일 큰일에 이르기까지 30년 동안 줄곧 나와 함께 일해 온 동행자였지만 일반 사람들은 오늘 이 책 《천년의 소리》를 통해서 비로소 K-컬처 DNA 등을 깨닫게 되었을 것이다. 또한 그동안 화려한 문화 잔치에 초대되었던 그 많은 분들은 이 책을 보면서 비로소 그 뒤의 주방 풍경을 볼 수 있어 더욱 흥미와 감사의 마음을 지니게 될 것이라 믿는다.

이어령

문화란 천년을 두고 울리는 소리다. 오늘날 K-팝, 시네마, 드라마, 게임, 웹툰 등 한류문화의 물결이 오대양 육대주에 너울성 파도처럼 넘실대고 있다. K-컬처 힘의 원천源泉은 가무歌舞를 즐겨 온 한민족의 문화유전자DNA, 정情과 신바람의 한국심韓國心, 과학적인 한글과 IT강국의 힘이라고 생각한다. 우리나라는 '코리아 르네상스 세기'에 진입한 것으로 보인다. 천년의 소리가 지구촌에 큰 울림을 주고 있다.

    필자는 대학과 군 복무를 마친 후 문화공보부 종무과 사무관을 시작으로 광화문에서 문화행정가 50년의 삶과 꿈을 키우며 살았다. 국가의 은혜를 톡톡히 받은 행운아다. 1970~1980년대 해외에 나가는 것조차 쉽지 않던 시절에 주영국·사우디아라비아 대사관에 봉직하며 넓은 세상을 접하고 글로벌한 시각을 갖게 되었다. 1988년 서울올림픽, 2002년 월드컵, 2018년 평창 동계올림픽 유치와 개최에 미력이나마 헌신할 수 있는 기회를 가져 이에 얽힌 비하인드 스토리를 남긴다.

    세계 최저 출산국 한국은 인구 감소 추세가 지속되면 21

세기 말에 존망의 위기를 맞을 수 있다. 필자는 외국인이 와서 살기 좋은 열린 사회, 다문화 사회를 만드는 것이 그 해법의 하나라고 생각한다. 문봉 윤석금 회장을 만나 지난 14년간 문화 복지 사업을 할 수 있었다. 김수환 추기경께서 사랑이 머리에서 가슴까지 오는 데 70년이 걸렸다고 하셨는데 필자는 사랑이 머리에서 입까지 내려오는 데 70년이 걸린 것 같아 늘 겸허한 마음을 가지고 사회 공헌 사업을 펼치려고 노력하고 있다.

최근 어려운 분들에게 물고기를 잡는 방법을 가르쳐 주기보다는 물고기를 나누어 줘야 한다는 목소리가 커지고 있다. 옛날이나 지금이나 스스로 설 수 있게 돕는 것이 지속 가능한 복지정책이 아닐까?

이 책은 주요 신문, 잡지의 졸고 칼럼을 덧칠하지 않고 그대로 수록했다. 인터뷰 기사의 전재를 허락해 주신 《국민일보》 손병호 논설위원, 《매일경제》 이윤재 · 신찬옥 차장, 《삶과 꿈》 김창일 기획위원, 《월간 피아노음악》 국지연 기자, 《브라보 마이 라이프》, 《책&》 공주영 작가에게 고마움을 표합니다. 졸고 칼럼을 연재해 주신 《매일경제》, 《세계일보》, 《조선일보》, 《동아일보》, 《매일신문》 편집진의 후의에 감사드립니다. 웅진 씽크빅 이재진 대표 · 신동해 본부장, 웅진재단 손위수 위원 · 은채원 국장, 제 처 한영자 박사의 수고로 이 책이 세상에 나오게 되었습니다.

30여 년간 필자의 문화 멘토이자 후원자이신 초대 문화부 장관 이어령 님께서 건강이 좋지 않으셔서 마음이 쓸쓸하다. 이 장관은 '서울올림픽의 굴렁쇠 소년으로 재미를 보더니 새천년을 맞아 200m 크기 서울의 고리Ring of Seoul를 세우려 한다.'는 비난을 받기도 했다. 서울의 고리 '천년의 문'이 가까운 미래에 한국에 세워지는 한겨울밤의 꿈을 꾼다. K-문화는 우리의 미래다. 한국 문화·스포츠·청소년·문화복지정책의 빛과 그림자를 보며 문화선진국으로 가는 여정에 동참해 주시기 바랍니다.

사랑하는 핫신가족 지영, 성광, 석영, 현지, 서영, 준영, 수아, 동욱이가 문화의 향기를 향유하고 인류 사회에 공헌하는 삶을 살기를 기대한다.

2022년 1월 정초
신현웅

평화통일의 그날을 꿈꾸며. 백두산 천지 정초 일출 광경
ⓒ백남식 2012

차례

제3부   다문화가족 눈물이 무지개로 피어나는 순간

제1부

한류문화의 파종播種

새천년 물결
ⓒ안종연 MohaAhn's work

타오르는 '방탄'
불꽃을 끄지 마오

───────── ○

1992년 봄 '서태지와 아이들'이 혜성과 같이 나타났다. 남북한 당국은 그해 8월 15일에 예술단 교류 공연에 합의했다. 한국예술단 단장으로 선임된 필자는 국악 명창, 명무와 함께 팝 그룹을 예술단 멤버로 위촉해 공연을 준비했다. 북한 동포들에게 자유분방한 서태지와 아이들의 '난 알아요'를 선보이려던 평양 공연은 북측이 혁명가극 〈피바다〉의 서울 공연을 주장해 아쉽게 무산됐다.

천재적인 K-팝 그룹이 세계 무대를 평정했다. 바로 한국이 낳은 방탄소년단BTS이다. 이들은 사회의 편견과 부조리로부터 상처받은 청년들의 영혼을 위로하고 있다. 2018년 10월부터 1년간 뉴욕·런던·파리 등 30개 도시 62회의 세계 투어 공연에 무려 206만 명의 관객이 아레나와 스타디움을 가득 채웠다. 뉴욕 메츠 홈구장 시티 필드에 5만 명, 꿈의 무대인 런던 웸블리 스타디움에 9만 명의 팬이 운집했다. 방탄과 함께 수만 명 외국인 팬이 부르는 한국말 떼창이 뉴욕과 런던 밤하늘에 울려 퍼졌다. 한국 최초 빌보드 200 차트 1위, 한국 그룹 최초 아메리칸 뮤직 어워드 삼관왕 수상으로 지구촌에 방탄 열풍이 불고 있다. 영국 BBC 방송은 방탄소년단을 '21세기 비틀스'라고 평하고 있다. 얼쑤 좋다!

지구촌 청년들의 영혼을 사로잡은 방탄 음악의 원천은 무엇일까. 이들의 노래와 춤에 가무를 즐겨 온 한민족의 문화 유전자DNA가 내재돼 있다. 판소리 사설 같은 이야기 엮음과 산조 휘모리, 중중모리 같은 우리 노랫가락의 운율이 녹아 있는 영혼의 노래와 헐렁하지만 박진감 있는 막춤이다. 방탄은 '너 자신을 사랑해'에서 "넌 내 푸른 곰팡이. 날 구원해 준 나의 천사 나의 세상. 난 네 삼색 고양이. 널 만나러 온 Love me now,

뉴욕 자이언츠 홈구장 메트라이프 스타디움에서 8만여 명이 참관한 BTS 공연(2019년 5월)
©Army Choi

touch me now"라고 노래한다.

방탄은 지방의 평범한 가정 출신 '흙수저 아이돌'이다. 친제적인 작곡가이자 멘토인 방시혁 대표를 운 좋게 만나 6년 만에 글로벌 팝스타로 떠오른 7인의 청년이다. 방탄은 '불타오르네'에서 "새벽이 다 갈 때까지, 그냥 살아도 돼. 우린 젊기에 그 말하는 넌 뭔 수저길래, 수저 수저거려 난 사람인데."라고 일갈하며 청년들을 위로한다. 또한 방탄은 자존감이 높은 한국 인이다. 이들은 영어가 아닌 우리말과 한글로 노래를 지었다. 전 세계 1,500만 명의 방탄 팬클럽 아미Army들이 한글 노래 발표 즉시 수십 개 언어로 동시 번역하고 있다. 세종대왕이 환생 하면 한글의 세계화와 문화 대사 역할을 하는 방탄소년단을 크게 상찬할 것이다. 한국경제연구원은 방탄이 매년 5조 6,000억 원의 직간접적 경제 효과를 가져오고 외국인 관광객 80만 명을 유치한다고 발표했다. 이러한 경제적 가치보다 더 중요한 것은 '작은 것들을 위한 시'처럼 지구촌 청년들의 가슴에 따뜻한 한 국심을 심고 세계 평화에 기여하는 방탄의 선한 영향력이다.

방탄 멤버 진, 슈가가 올해 말 군에 입대한다고 한다. 세 계 최고 팝 그룹 방탄이 해체될까 걱정이다. 실망한 외국 방탄 아미들이 한국에 쳐들어오면 어찌할꼬? 병역특례제도를 보완 할 필요가 있다. 판소리 대회나 음악 콩쿠르에서 우승한 국악 인이나 성악가는 병역특례 대상이고 세계 최고 권위 음악상을 수상한 팝 그룹은 아예 심사 대상도 아니다. 아시안게임 우승 프로야구 선수 대표 팀 24명은 병역특례가 되고 월드 스타로 국위를 선양하고 있는 방탄은 특례 대상이 아니다.

산업지원요원 1만 6,000명은 병역특례가 되고 매년 6조 원의 국부를 창출하는 방탄은 특례가 안 된다. 형평성에 어긋 난다. 대중예술이 순수예술, 스포츠 못지않게 중요한 시대다. 1995년 바둑 프로 기사 이창호가 군에 입대하게 되었을 때다. 청와대 문화체육비서관으로 봉직하던 필자가 나서서 4개 세계 바둑 대회 우승자에게 병역특례를 주는 제도를 신설케 해 한국 바둑의 세계 제패를 도운 적이 있다. 이제 방탄을 비롯한 K-팝 아티스트를 위한 병역특례 규정의 신설을 고려할 때가 되었다. 시대정신에 맞는 병무 행정을 기대한다. 활활 타오르는 방탄의 불꽃을 끄지 마오!

-《매일경제》(2020.2.1)

소리여,
천년의 소리여!

─────── ○

꿈인가 생시인가? K-팝, 시네마, 드라마, 게임, 애니메이션, 웹툰 등 한류문화의 물결이 오대양 육대주에 너울성 파도처럼 넘실대고 있다. BTS의 '다이너마이트', 〈기생충〉, 〈오징어 게임〉, 〈배틀그라운드〉, 〈아기 상어〉, 〈황제사냥〉이 지구촌에 울려 퍼지고 있다. K-컬처 힘의 원천源泉은 가무歌舞를 즐겨 온 한민족의 문화유전자DNA, 정情과 신바람의 한국심韓國心, 과학적인 한글과 IT강국의 힘이라고 생각한다.

　　우리나라는 세종조(1418~1450)의 문예부흥기에 이어 6세기 만에 '코리아 르네상스 세기'에 진입한 것으로 보인다. 일제강점기와 6·25전쟁을 겪은 한국은 한恨의 문화와 비극적 예술 풍조에 젖었으나 한강의 기적이라 불리는 경제 발전과 정치 민주화, 서울올림픽과 한일 월드컵 개최를 통한 자신감과 문화 정체성 회복으로 신명 나는 춤과 흥이 넘치는 노래가 주류가 되었다.

　　K-컬처의 원천인 천년의 소리 DNA는 가야금·거문고

소리, 판소리, 조선 가곡, 농악, 종묘제례악, 뱃노래, 천년학 울음소리에 스며 있다. 이재숙 교수는 천년의 소리 원천으로 거문고 술대로 대점 치는 소리를 꼽으면서 "극작가 이진섭은 이를 천년 묵은 폭포 쏟아지는 소리라고 표현했다."라고 전했다. 진고晉鼓 소리와 박 치는 소리도 그 원천으로 생각한다고 했다. 김복희 교수는 천년의 춤의 DNA는 탈춤, 승무, 살풀이춤, 강강술래, 씻김굿, 영산재의 한국성韓國性에서 찾을 수 있다고 했다.

한국심韓國心에는 장독 깊숙이 숨겨 둔 씨간장을 꺼내 손님을 대접하는 정情문화, 구례 운조루 외진 곳 뒤주 뚜껑에 쓰인 누구나 열어서 퍼 갈 수 있다는 타인능해他人能解의 배려심, 서울올림픽과 한일 월드컵에서 보여 준 한국인의 신바람이 내재되어 있다.

한류문화에 불을 지핀 사례를 살펴본다. 1991년 유엔 가입을 계기로 이어령 문화부 장관은 명창, 명무와 함께 국립국악원, 국립창극단, 국립무용단 136명의 호화 캐스팅 예술단을 파견했다. '소리여, 천년의 소리여' 제하로 아카데미상 시상식이 열리는 6,300석 LA 슈라인 오디토리엄과 뉴욕 카네기홀에서 공연했다.

동 예술단 단장이던 필자는 현장에서 미국 언론과 문화계의 반응을 생생하게 느낄 수 있었다. 《로스앤젤레스타임스》, 《뉴욕타임스》, 주요 방송 보도와 함께 《크리스천사이언스모니터》는 전면 특집 기사를 내보냈다. 공연을 관람한 백남준, 존

케이지, 크레이크 콜먼, 주디 페프 교수는 세종대왕 작곡 종묘 제례악의 우아하고 장중한 음악, 이준아의 조선 가곡 이수대엽의 유장한 멋, 명무 이매방의 승무와 천수고(千手鼓), 명창 조상현·안숙선의 '심청가', 황병기의 가야금산조 '짐향무', 국수호 안무 〈북의 대합주〉는 찬란한 인류 문화유산이라고 극찬했다.

1992년 '서태지와 아이들'이 혜성과 같이 나타났다. 랩과 힙합 스타일의 '난 알아요'를 불러 돌풍을 일으킨 서태지와 아이들은 K-팝 아이돌의 원조다. 1992년 광복절에 이산가족 상봉과 함께 예술단 교류를 남북 간에 합의했다. 한국예술단에 서태지와 아이들도 위촉하여 공연을 준비했으나 북측에서 〈피바다〉 혁명가극 서울 공연을 주장하여 자유분방한 K-팝을 북한주민에 선보이려던 평양 공연이 무산되어 아쉬웠다.

1990년대 후반 폐지 위기를 넘긴 한국 영화 스크린쿼터제, 영화진흥기금 1,000억 원 조성과 영화촬영소 건립은 한국 영화 제2 도약의 밑거름이 됐다. 문화부는 초고속정보망을 갖춘 영상벤처센터와 게임지원센터를 세워 게임, 애니메이션, 영상산업 발전의 토대를 마련했고 전자신문과 공동 추진한 '이달의 게임상'은 규제 대상이던 게임업계의 사기를 높였다. 작년 게임 수출만 70억 달러에 이른다. 문화란 천년을 두고 울리는 소리다. 불이 붙은 르네상스를 꽃피우고 품격 있는 정치를 하는 문화 대통령의 탄생을 기대한다. 찬란한 봄을 기다리며.

-《매일경제》(2022.1.22)

발레의
추억

———— ○

매년 성탄절에 〈호두까기 인형〉 발레 공연을 가족과 함께 즐긴
다. 차이콥스키 천상의 음악과 눈꽃 요정들의 환상적인 춤에
흠뻑 젖어 저무는 한 해를 마무리하고 기쁜 마음으로 새해를
맞이하는 소소한 행복 의례다. 작년 말 이 발레 공연이 코로나
19로 취소되어 허전하고 쓸쓸한 연말을 보냈다. 코로나가 진정
되어 올해 말에는 손녀·손자와 함께 〈호두까기 인형〉 발레를
볼 수 있기를 기대한다.

13세기 이탈리아에서 탄생한 발레는 16세기 메디치가의
카트린이 프랑스 왕 앙리 2세와 결혼하여 프랑스 왕궁으로 전
파됐고, 17세기 루이 14세가 직접 발레리노로 활약하며 발레의
대중화를 이끌었다. 17세기 러시아 황제 표트르 대제는 프랑스
유명 무용가들을 불러들여 발레를 본격적인 무대예술로 발전시
키고 이들이 활동하던 상트페테르부르크 마린스키극장이 세계
발레 중심지가 되었다. 이 극장에서 차이콥스키 작곡 3대 고전
발레 〈백조의 호수〉, 〈잠자는 숲속의 미녀〉, 〈호두까기 인형〉이

초연되었다. 볼셰비키혁명 후 모스크바 볼쇼이발레단이 급성장해 마린스키발레단과 함께 세계 최정상 발레단으로 우뚝 섰다.

　22년 전 필자는 한·러 수교 10주년 기념사업 조직위원장 자격으로 마린스키극장과 바가노바 발레 아카네미를 방문해 나지로프 총장과 발레 교육에 대해 환담했다. 1738년 설립된 학교로 9~10세 소년·소녀 60명을 선발하여 8년간 혹독한 교육과정을 거쳐 매년 발레 인재 30여 명을 배출한다. 세계 발레 팬의 연인 안나 파블로바, 미국 발레의 아버지 게오르게 발란친, 카리스마 넘치는 루돌프 누레예프, 프리마 발레리나 김지영 등이 졸업한 명문교다. 총장은 예술성과 발레 기량을 갖춘

세계 유명 발레단에 입단한 웅진 예술 영재 발레리노.
뒷줄 왼쪽부터 영국 로얄발레단 입단 한성우 군, 러시아 마린스키발레단 입단 김기민 군,
네덜란드 국립발레단 입단 최영규 군. 앞줄 왼쪽부터
김혜식 한국예술종합학교 무용원장, 필자, 김선희 교수(2011년)

졸업생들이 사회에 나가 자기 권익을 지킬 수 있도록 예술경영, 저작권법, 노동법도 가르친다고 했다. 한국 예술대학에 이러한 강좌 개설을 제안한다.

1970년대 말 주영대사관 문화공보관으로 봉직할 때다. 우리나라 국립무용단이 런던 로열 새들러스웰스극장과 노리치 시 시어터로열에서 공연했다. 영국 관객들은 바람에 흐르는 듯한 강선영의 승무, 달빛 아래 천사들의 춤 강강술래, 하늘과 땅이 어울리는 북의 춤과 판소리 명창 김동애의 '심청가'에 찬사를 보냈다. 이 공연에 감동을 받은 하비 텀블스 케임브리지대 민족악 교수의 주선으로 BBC TV에서 〈한국의 음악과 춤〉 특

김기민 러시아 마린스키발레단 에투알(스타). 웅진 1기 예술 영재

집을 제작·방송했다. 이
어서 케임브리지대는 이
재숙 서울대 교수를 초빙
해 1년산 가야금과 한국
음악 강좌를 개설했다. 그
당시 코번트가든에서 루
돌프 누레예프가 출연한
〈라 바야데르〉 공연을 보

최영규 네덜란드 국립발레단 수석 무용수.
웅진 1기 예술 영재

는 기회도 가졌다. 음악과 무용 예술은 상호 교류를 통해 풍요
로워진다.

　　웅진재단은 2009년부터 수학·과학 영재와 함께 음악·
무용 분야 예술 영재 장학생을 선발하여 장학금과 멘토링을 제
공하고 있다. '남자가 발레를 해?'라며 신기해하던 시절에 선
발한 발레리노 김기민, 최영규, 한성우, 김윤식이 로잔, 페름 아
라베스크 등 국제 발레 콩쿠르에서 우승하여 네 명 모두 병역
특례를 받아 발레 본고장 유럽에 진출했다. 낙타가 바늘구멍을
통과한 기적이다. 김기민은 마린스키발레단 에투알(스타)로 활
동하며 2016년에 무용계 아카데미상으로 불리는 세계 최고 권
위 '브누아 드 라 당스' 최고남성무용가상을 수상했다. 최영규
는 네덜란드 국립발레단 수석 발레리노로, 한성우는 로열발레
단을 거쳐 아메리칸발레시어터에, 김윤식은 체코 국립발레단
에 입단했다. 김민정과 이소정은 헝가리 국립발레단과 보스턴

발레단에서 수석 발레리나로 활약했다.

손흥민이 축구 종주국 영국 프리미어리그에서, 류현진이 야구 본고장 아메리칸리그에서, 방탄소년단BTS이 팝의 고장 미국 등 전 세계에서 활약하듯이 김기민은 발레 중심 러시아와 세계 무대에서 최고 발레 스타로 한국을 빛내고 있다. 세계로 뻗어 나가는 우리 청년에게서 한국의 밝은 미래를 본다.

－《매일경제》(2021.2.6)

지구촌
미술가 산책

——————— ○

예술은 아름다운 삶, 풍요로운 삶의 원천이다. 지난 40년간 대영박물관을 수십 차례 방문했다. 이집트·그리스·로마·페르시아·비잔틴·마야·중국 문명 전시실에서 영국 시민은 물론 세계인이 인류 문화유산을 한곳에서 즐기며 문화 소양을 쌓는 모습이 부러웠다. 한국인도 우리 문화유산과 미술품뿐 아니라 세계 문명권 예술품도 감상할 수 있어야 한다. 시민의 문화적 권리다.

1970년대 후반 런던 근무 시 소더비와 크리스티 경매장을 여러 번 참관했다. 한국 불상이나 도자기가 출품되면 미술관 에이전트 수십 명이 매입 경쟁을 벌이는데 마쓰오카 미술관장이 몽당연필로 보내는 호가에 따라 미술품이 팔려 나갔다. 일본 사립 미술관이 영국까지 와서 한국 고미술품을 수집하고 있었다. 우리 국립박물관과 국립현대미술관의 미술품 매입 예산은 각각 연 40억 원과 48억 원에 불과하다. 이제 한국도 국력에 걸맞게 미술품 매입 예산을 대폭 늘리고 문화 향수권을 위해 세계 미술품도 수집할 때가 됐다.

오래전 이스탄불 문화 기행을 할 때다. 8개 언어를 구사하는 관광 가이드가 톱카프 궁전 박물관에 들어가기 전 서양에서 보물 1캐럿이 몇 kg이냐고 농담을 했다. 박물관에서 옥좌, 갑옷, 칼에 붙은 수백 캐럿 루비, 사파이어, 다이아몬드와 찬란한 소장품을 보니 오스만 터키제국 후손의 자부심이 느껴졌다. 궁전 도서관에는 인류 최초 세계사 책인 라시드 앗 딘의《집사集史》와 세계여행기인 에블리야 첼레비의《세야하트나메》가 소장돼 있다.

2000년 '러시아, 천년의 삶과 예술'전이 러시아 정부와 롯데그룹의 협조로 덕수궁미술관에 이어 부산·광주·대구박물관에서 개최됐다. 한·러 수교 10주년 기념사업 조직위원장으로 러시아 미술관의 화려한 소장품을 둘러보며 문화 대국임을 실감했다. 예카테리나 여제는 1764년 에르미타주 미술관을 설립하고 서유럽의 값진 미술품 2,000여 점을 수집해 오늘날 세계 3대 미술관 기틀을 마련했다. 그는 국고를 탕진한 암군暗君인가, 문화 국가 초석을 놓은 명군明君인가. 한국에 선보인 작품은 서양미술의 기원이 되는 이콘화, 로마노프 황가 보물, 말레비치의 〈검은색 사각형〉, 칸딘스키의 〈즉흥작〉 등 아방가르드 작품과 차이콥스키, 라흐마니노프, 푸시킨, 톨스토이의 육필원고와 악보였다. 이런 아방가르드한 미술품을 국립현대미술관에서 언제 다시 볼 수 있을까.

겸재 정선 〈인왕제색도〉 ⓒ국가문화유산포털

2006년 중국현대미술전 조직위원장으로 '허허실실虛虛實實'전을 개최했다. 중견작가 팡리쥔, 왕두, 쩡판즈 등 중국 미술인 42명을 초청해 파주 헤이리예술마을 22개 화랑에서 열렸다. 이들 중 여러 작가가 세계적인 작가로 떠오르고 작품도 수천만 달러를 호가하는데 한국 작가들의 존재는 여전히 그대로인 것 같아 안타깝다. 작품의 예술성보다 미술 시장 크기, 컬렉터의 구매력 차이가 아닐까. 우리 자산가들이 향기 있는 삶과 미래 투자를 위해 미술품을 수집하면 비업무용 자산을 늘린다고 백안시하는 사회 분위기가 바뀌어야 한다. 한국 미술의 세계 진출을 위해 정부와 자산가, 화랑이 힘을 모아 미술 시장 규모를 키우자.

이건희 미술 컬렉션이 화제다. 40년간 수집한 고미술품과 근현대 미술품 1만 3,000여 점 감정가가 3조 원에 달한다고 한다. 그의 높은 심미안과 문화 사랑은 존경받을 만하다. 문화계는 이 컬렉션이 상속세 납부를 위해 해외에 팔릴까 걱정하며 미술품 물납제도 도입과 문화기증 공제제도 활성화를 촉구하고 있다. 가치가 폭락할 수 있는 부동산이나 좀비기업 유가증권보다 공정한 감정가의 미술품 물납은 문화 자산과 나라 재산 키우기에 도움이 될 것이다. 국립현대미술관에는 서양 근대를 연 미술품이 한 점도 없다. 정부의 미술품 세제 혜택과 삼성가의 결단에 의해 피카소의 〈도라 마르의 초상〉, 모네의 〈수련〉 등 이건희 컬렉션을 한국에서 볼 수 있다면 얼마나 좋을까.

- 《매일경제》(2021.4.10)

한글
창제의 비밀

──────── ○

10월은 한글날이 있는 문화의 달이다. 말과 글은 민족문화의 뿌리이자 사고의 틀이다. 한국인이 한국인답게 말하고 쓰고 생각하는 삶은 세종대왕의 한글 창제 은덕恩德이다. 청나라를 건설한 만주족은 나라 멸망 100여 년 후 만주어와 함께 거의 사라졌다. 자기 언어를 잃은 민족은 소멸한다.

조선 초기에는 몽골제국 부마국인 고려 왕조의 문화 전통이 남아 있어 한자, 범자, 파스파 문자 외에 거란·여진·위구르·티베트·튀르크·아라비아 등 여러 나라 글자 모습을 쉽게 볼 수 있었다. 이런 시대적 배경에 절대음감을 지닌 작곡가이자 음운학에 조예가 깊은 언어학자 세종은 말과 글이 달라 실생활에 어려움을 겪고 있는 백성을 위해 한글을 창제했다. 일본 언어학자 노마 히데키는 한글 창제를 문자혁명에 비유했고 영국 언어학자 제프리 샘슨은 한글이 세계에서 가장 우수한 음소문자라고 평했다. 오늘날 과학적인 한글은 디지털 시대에 가장 적합한 문자로 인정받고 있다.

세종 25년(1443) 12월 30일 《세종실록》은 '이달에 임금이 친히 언문 28자로 훈민정음을 만들었는데 그 글자는 옛날 전자篆字를 모방했다.'고 기록하고 있다. 훈민정음은 세종이 홀로 창제한 것으로 알려졌는데 이 방대한 문화사업의 조력자는 없었을까.

작년(2019년) 말 한영우 교수는 《세종평전-대왕의 진실과 비밀》에서 "섣달 그믐에 두서너 줄로 서둘러 공표한 것은 훈민정음 창제가 불러올지도 모를 후폭풍을 예감한 인상이 짙다. 조선이 독자적 문자를 만들어 사용한다면 명明에 대한 반역으로 오해받을 위험이 커 명나라에 9세인 영종 정통제가 황제로 등극하자 훈민정음을 만들 수 있는 절호의 찬스를 포착한 듯하다. 세종이 훈민정음 창제에 열성적으로 몰입했던 시기는 재위 23년 무렵으로 보이고 그 사업은 철저하게 밀실에서 진행됐다."라고 전했다.

이어 한 교수는 "즉위 23~25년 사이에 눈병과 풍증 등 병이 심하다고 수시로 신하들에게 호소하면서 정의공주와 광평대군 집을 자주 방문하고 며칠씩 머물기도 했다. 정의공주 남편인 안맹담 집안

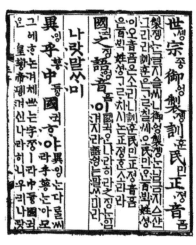

《훈민정음》 언해본 서문 ⓒ문화재청

의《죽산 안씨 대동보》에 정의공주가 훈민정음 창제에 깊이 관여했는데 변음토착變音吐着을 풀어내 노비 수백 명을 상으로 받았다고 기록되어 있다. 한글 창제에 가장 유망한 조력자는 비밀리에 만날 수 있는 영특한 둘째 딸 정의공주와 다섯째 아들 광평대군으로 보인다."라고 주장했다. 매우 설득력 있는 추론으로 보인다.

1990년 정초에 신설 문화부는 문교부에서 어문정책과 국립도서관 업무를 이관받았다. 이어령 초대 문화부 장관은 취임 며칠 후 '국립국어원' 신설 추진 보도자료 작성을 지시했다. 정부 행정을 전혀 모르는 몽상가 장관이 국립기관 신설이 얼마나 힘든지 모르고 일을 벌인다는 쑥덕거림이 있었다. 정부 수립 40년이 지났으나 대한민국은 국립국어원이 없는 나라였다. 나라다운 나라는 국어 아카데미가 가장 중요한 연구기관으로 자리매김하고 있다. 관계 부처를 설득하는 게 쉽지 않았으나 이 장관의 돌파력과 이연택 총무처 장관의 협조에 힘입어 국립국어원이 1991년 1월 신설됐다. 한국 어문정책의 주춧돌을 놓은 문화사적 쾌거다.

국립국어원은 첫 사업으로 50만 단어《표준국어대사전》을 발간했다. 100만 표제어 개방형 한국어 지식 대사전을 편찬하고 1억 어휘를 목표로 '데이터 댐' 말뭉치 사업도 야심차게 추진하고 있다. 이와 함께 가나다전화(1599-9979), 온라인 가나다(www.korean.go.kr), 우리말365(카카오톡)를 개설하여 어문규

주시경 선생 흉상 제막식. 왼쪽 두 번째 필자, 네 번째 허웅 한글학회 회장(1998년 10월 9일)

범, 어법,《표준국어대사전》에 관한 질문에 응답하는 국어상담
실을 운영하고 있다. K-드라마, K-시네마, K-팝의 한류 물결
로 전 세계에서 한국어 붐이 일고 있다. 꿈인가 생시인가! K-
팝 수천만 외국 팬들이 한국어로 떼창을 부르고 있다. 문화의
세기에 한글의 과학화와 세계화를 위한 국립국어원의 더 큰 역
할을 기대한다.

-《매일경제》(2020.10.17)

편경 소리가
조금 높구나

─────── ○

5월이 오면 세종이 생각난다. 태조 6년(1397) 5월 15일 인왕산 동쪽 준수방에서 정안군 이방원의 셋째 아들 충녕군(세종)이 탄생하셨다. 준수방은 경복궁 영추문 건너편 동네로, 대궐로 치닫기에도 지척지간이었다. 세종은 1418년 8월 11일 즉위하여 1450년 4월 8일 막내아들 영응대군 별궁에서 승하하실 때까지 천년 한국의 문화 기틀을 마련했다. 지난 수십 년간 매년 5월 15일 여주 영릉에서 역대 대통령이 초헌관이 되어 세종대왕 탄신 숭모제전이 열리고 있으나 최근에는 대통령이 참석하지 않는다고 한다. 세종께서 섭섭해하실까 걱정이다. 서울 대모산 헌릉(태종) 옆에 세종과 소헌왕후를 모셨던 영릉이 1469년 예종에 의해 풍수상 좋지 않다고 여주 북성산으로 천장되었다. 당초 이곳은 병조판서 이계전이 묘를 썼던 곳으로 후손들에게 "이 터는 분에 넘치니 왕실에서 내놓으라 하면 연을 띄워 떨어진 곳으로 이장하라."라고 했다는 전설이 있는 천하 명당이다.

영릉에 세종대왕 역사문화관이 있다. 안쪽 벽면에 큰 역사 기록화가 걸려 있다. 박연을 비롯한 악사 수십 명이 앉아 있고 세종대왕께서 얼굴을 돌리고 말씀하는 장면이다. 남양의 경돌로 새로 편경을 만든 후 첫 아악 연주를 들은 세종께서 "편경 소리는 맑고 고우며 조율도 잘되었는데 이칙음(12음률 중 아홉째 음률)의 편경 소리가 좀 높으니 어찌된 일인가."라고 묻는 장면이다. 박연이 편경을 세밀히 조사했더니 그어 놓은 먹줄이 그대로 남아 있어 음이 반음 높았다고 한다. 절대음감을 지닌 세종의 지적이다. 중국 편종과 편경 16개는 크기가 다르고 커질수록 높은음을 내지만 우리 편종과 편경 16개는 크기는 같고

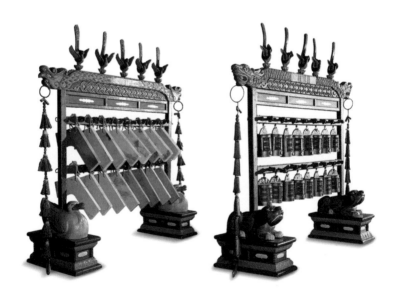

편경(왼쪽)은 돌을 기역 자 모양으로 깎아 엮은 타악기이며,
편종(오른쪽)은 16개의 종鐘을 엮은 타악기이다. ⓒ국립국악원

두께가 두꺼울수록 높은음을 낸다. 아악 음역은 황종부터 응종까지 12음률에 1옥타브 높은 청황종부터 청협종까지 4음률을 더해 총 16음률로 이루어졌다.

　세종은 측근 신하들이 박연에 대해 비난을 많이 하였으나 이런 의견을 물리치고 수십 년간 곁에 두고 음악 사업을 주도하게 했다. 전문가를 적재적소에 등용하고 끝까지 힘을 실어 주는 세종의 리더십이다. 세종은 동양 최초로 음높이와 리듬을 동시에 표기할 수 있는 '정간보井間譜'라는 악보를 창안하고 많은 가곡과 종묘제례악을 직접 작곡했다. 오는 5월 3일 종묘에서 열리는 종묘대제는 세종이 작곡한 인류무형문화유산 종묘제례악을 감상할 수 있는 좋은 기회다. 기악·노래·춤이 함께 연행하는 중후하고 화려한 음악이다.

　몽골제국 원나라의 기운이 전해 오던 15세기 초는 한자, 범자, 파스파 문자, 몽골·거란·여진·위구르·티베트·튀르크·대식·서하 글자로 된 책들을 볼 수 있었다. 이러한 시대 배경에 음운학자이자 언어학자인 세종대왕은 1443년 백성을 위해 훈민정음을 창제했다. 인류문화사적 쾌거다. 한글은 한국이 문화 정체성을 지닌 독립국가로, 한국인이 한국인답게 살 수 있게 한 알파이자 오메가다. 세계를 선도하는 한국 IT산업 발전과 디지털 시대에 걸맞은 스마트한 생활도 과학적인 한글에 힘입은 바 크다. 세종이 천년 앞을 내다보는 혜안을 지닌 명군明君임을 새삼 느낀다.

한국어로 만든 K-드라마, K-팝, K-시네마가 동아시아 · 중동 · 유럽을 넘어 미주 대륙에서 한류문화의 꽃을 피우고 있다. 한국어 문화 영토를 오대양 육대주로 넓히고 있다. 작년에 유럽 여행을 하면서 한국말로 인사하며 다가오는 외국 청년들을 많이 만날 수 있었다. 한국어 한마디라도 배우려고 한류문화 종주국에서 온 한국인을 반갑게 맞아 주었다. 국제교류재단에 따르면 전 세계 98개국에 1,800개 한류 동호회가 결성되어 있고 회원 수가 약 1억 명에 이른다고 한다. 이는 한국어와 세종대왕의 승리다. 음수사원飮水思源! 오늘 물을 마시는 한국인은 그 근원을 생각해야 한다.

- 《매일경제》(2020.4.25)

리스펙!
한국 영화

어려운 시기에 한 줄기 빛이다. 봉준호 감독의 〈기생충〉이 제92 회 미국 아카데미상 4관왕에 올랐다. 한국 영화 100년 사상 첫 수상의 경사다. 노벨영화상을 탄 셈이다. 뻔한 빈부격차 소재를 다룬 네오리얼리즘 영화가 비영어권 최초 '우수작품상'을 수상해 한국 문화 콘텐츠의 힘을 만방에 과시했다. 봉준호 감독 쾌거를 지켜보면서 30년 전 영화 시장 개방 요구에 전전긍긍하던 시절의 애환이 떠오른다. 세계 영화 시장에서 80% 이상을 장악하고 있던 미국의 개방 압력은 역설적으로 한국 영화의 세계화와 경쟁력 강화에 좋은 약이 된 것 같다.

1985년 영화 시장 개방을 요구하는 미국 압력이 거셌다. 필자는 워싱턴에서 미국영화협회와 수차례 협상했다. 잭 밸런티 회장은 로널드 레이건 대통령을 자주 만나는 실세였다. 한국이 매년 대종상, 청룡상 등을 수상한 영화제작사에 외화 20편만 수입쿼터를 줄 때다. 미국은 자유무역 체제 혜택은 누리면서 외화 수입 장벽을 쌓고 있는 한국 정부를 비난하고 불법 비디오가 범람하는 한국 시장에 불만을 표했다. 우리는 외화수입허가제 폐지, 불법 비디오 단속과 점진적인 시장 개방을 약속했으나 문화 정체성을 위해 국산 영화 의무 상영제 '스크린쿼터' 연간 146일은 지켰다. 안방 귀신의 전성시대는 가고 세계화 도전과 응전의 시대가 왔다.

1986년 미국 무역대표부에서 한미 지식재산권 회담을 가졌다. 미국은 한국 상공부 장관의 10년 전 서한을 공개하면서 개방 약속을 지키지 않고 미국 지식재산권을 보호해 주지 않는다고 항의했다. 당시 우리는 외국 문학작품, 음반, 영화 비디오를 불법 복제하는 사례가 많았다. 필자는 미국도 1940년대까지 외국 저작물을 보호해 주지 않았고, 한국에는 책도둑은 도둑이 아니라는 문화가 있지만 저작권 인식 제고를 위해 노력하고 있다고 반박했다. 한국은 저작권 보호 기간 연장, 인접권 강화, DB권 신설 등 저작권법을 개정하고 국제저작권협약을 준수하기로 합의해 301조 무역 제재를 면했다. 현 저작권법상 저작권자는 창작 후 생존 기간과 사망 후 70년간 저작료를 받을 수 있다. 저작료를 받는 창작 분야가 미래 꿈의 직업이 될 것이다.

1998년 6월 한미 정상회담 청와대 후속 대책회의에서 스크린쿼터 폐지 결정을 통보받았다. 경제정책 책임자는 외환위기 극복과 큰 산업 보호를 위해 스크린쿼터를 양보할 수밖에 없다고 했다. 동 회의에서 필자는 주무 부처와 일언반구 사전 협의 없는 결정에 유감을 표하고 한국 영화 최후 보루인 스

'영화의 해' 개막식. 왼쪽부터 첫 번째 김지미 회장, 세 번째 김종필 총리와 함께 선 필자(1998년)

크린쿼터를 하루아침에 폐지하는 것에 반대했다. 타이완, 터키, 멕시코는 스크린쿼터 폐지로 영화 산업이 초토화됐다.

영화는 예술이자 산업이다. 한국인이 한국 영화를 즐기는 것은 문화 기본권이다. 어렵다고 문화산업의 씨감자까지 먹어치우나? 몇 주 후 통상 당국자 인터뷰로 이 사실을 알게 된 영화계 반대 투쟁으로 스크린쿼터 폐지 결정이 취소돼 현재까지 축소 유지되고 있다. 한국 영화 발전은 천재 영화인들의 분투, 정부의 영화 진흥정책과 부산국제영화제의 세계 영화인 네트워크에 힘입은 바 크다. 지속 발전을 위해 청년 영화인의 다양한 영화 제작·상영을 돕는 민관 지원책을 기대한다.

대미 협상 과정에서 각 분야 미국 전문 변호사들의 큰 도움을 받았는데 직장 생활을 하면서 야간 로스쿨에 진학해 변호사가 된 사례가 적지 않았다. 미국에는 조지타운대 등 68개 야간 로스쿨이 있다. 4차 산업 시대에는 영화, 출판, 바이오, AI 등 분야에서 경험을 쌓은 전문 변호사가 많이 필요하다. 12년 전 우리나라가 미국 로스쿨 제도를 도입하면서 야간제 로스쿨을 제외해 아쉽다. 주경야독하는 흙수저 청년과 직장인을 위해 야간 로스쿨의 사다리를 세우자.

-《매일경제》(2020.2.29)

파이프오르간
비가

───── ○

예술의전당이 탄생한 지 30년이 지났다. 한국의 대표적인 종합 문화 예술 공간으로 우뚝 선 모습이 자랑스럽다. 1988년 예술의전당 첫 이사회에 필자는 정부 측 이사로 참석했다. 연극인 이해랑 초대 이사장이 "우리 예술인은 꿈과 자존심을 먹고 산다. 극장 문을 열고 들어서면 온 천하를 주무른다. 예술의전당이 전 세계 예술인이 마음껏 꿈을 펼칠 수 있는 세계적인 문화 공간이 되도록 노력하자."라고 했던 말이 기억난다.

　　예술의전당 콘서트홀에는 잘 알려지지 않은 '파이프오르간의 비가悲歌'가 있다. 서울올림픽 개막 이전에 개관을 서두르다 콘서트홀 기본 설계에 있던 파이프오르간을 시간과 예산 부족으로 설치하지 못한 것이 지금도 아쉽다. 파이프오르간이 없는 클래식 전용 콘서트홀로 벌써 30년이 흘렀다. 이 콘서트홀에서 오케스트라를 지휘한 정명훈과 주빈 메타 등 세계적인 마에스트로들은 이상한 공명 현상이 일어난다고 의아해했다. 합창석 뒤편 파이프오르간을 설치하려던 커다란 빈 공간을 임시

지휘자 정명훈 씨가 '문화 대사' 위촉을 받은 후 청와대 녹지원에서.
왼쪽부터 필자, 정명훈 씨 부인과 모친, 정명훈 씨(1994년)

가림막 판으로 가렸기 때문이다.

　20년 전 예술의전당 최종률 사장이 파이프오르간 설치 기금을 마련하기 위해 동분서주할 때 박성용 금호아시아나 회장이 사재 30억 원을 쾌척한 것으로 알고 있으나 현재까지 진척되지 않고 있다. 국가를 대표하는 세계적 콘서트홀에는 당연히 파이프오르간이 설치돼 있고, 그 건축적 장식미도 자랑하고 있다. 눈에 보이지 않는 곳에 거액을 투자한다는 건 쉬운 일이 아니지만 이제는 기본을 갖춰야 할 때다.

　기세등등하던 나폴레옹 장군이 작곡가 베토벤을 길에서 마주치자 길을 비켜 주었다는 일화가 있다. 이는 음악인의 높은 긍지와 자존심을 지켜 주고 존경하는 태도다. 이제라도 콘

왼쪽부터 필자, 박성용 회장, 바이올리니스트 장영주,
뉴욕 필 지휘자 주빈 메타 부부, 신낙균 장관, 박삼구 회장 부부(2003년)

서트홀에 파이프오르간을 갖춰 세계적인 음악가들이 무슨 곡
이든 연주할 수 있는 공간을 만드는 것이 중요하다. 예술의전
당은 많은 상업 시설로 적지 않은 자체 수익을 올리고 있고 예
술을 사랑하는 큰 후원회와 회원 조직도 있다. 모두의 힘을 모
아 콘서트홀에 파이프오르간을 설치하는 캠페인을 시작하자.
파이프오르간은 악기들의 제왕이라고 불린다. 우리 음악 팬들
도 카미유 생상스의 〈교향곡 제3번 '오르간'〉과 프리드리히 헨
델의 〈메시아〉 '할렐루야'를 향유할 때가 되었다.

－《매일경제》(2019.2.19)

월인천강지곡 들으며
반가사유상을 본다

―――――― ○

오는 5월 19일은 불기 2565년 석가탄신일이다. "세존의 일을
여쭈려고 하니 / 만리 밖의 일이시나 / 눈에 보는 듯이 여기옵
소서 / 세존의 말씀을 여쭈려고 하니 / 천년 전의 말씀이시나
/ 귀에 듣는 듯이 여기시옵소서."라는 《월인천강지곡月印千江之
曲》의 시가가 생각난다. 세종대왕이 1447년 소현왕후 심씨가
세상을 떠나자 명복을 빌기 위해 한글로 편찬한 최고最古 국문
시가다. 부처가 백억세계에 화신하여 교화하심이 달이 천 개의
강에 비치는 것 같다며 석가모니의 공덕을 찬탄하는 노래다.

  30년 전 남한과 북한은 유엔에 동시 가입했다. 문화부는
유엔을 방문하는 대통령이 문화 선물로 가져갈 '신라 금관' 복
제품을 준비하라는 청와대의 지시를 받았다. 당시 이어령 문화
부 장관은 신라 금관이 조형미와 금장식이 뛰어난 문화 유물이
나 한국 문화를 대표하는 기념 선물로 보내기에는 적절치 않다
며 반대했다. 외국에 수백 개의 루비, 사파이어, 에메랄드, 다이
아몬드가 박힌 화려한 왕관이 많다. 이 장관은 신라 금관 대신

에 세계 최초 금속활자국이며 한글 창제국임을 알릴 수 있는 《월인천강지곡》 금속활자 판틀을 제작하라는 지침을 내렸다.

　　자유로운 문명비평가 출신 장관의 수정 지시에 실무 국장이던 필자는 딜레마에 빠졌나. 궁어지책으로 장관 모르게 황남대총 '신라 금관' 제작과 함께 《월인천강지곡》의 금속활자 주조를 동시에 진행했다. 우여곡절 끝에 두 달 후 장관이 대통령께 기념 선물을 신라 금관에서 《월인천강지곡》으로 바꾸는 것이 문화 한국을 알리는 데 도움이 된다고 건의해 교체 승인을 받았다.

　　1991년 9월 대통령이 《월인천강지곡》 영인본과 '갑인자' 한자와 한글로 된 《월인천강지곡》 금속활자 판틀을 담은 흑단 장식장을 유엔 사무총장에게 전달해 유엔청사 2층 외교관 라운지 로비에 전시돼 있다. 1377년 세계 최초 금속활자로 청주 흥덕사에서 간행된 《직지심체요절》에 이어 1434년 주조된 갑인자도 구텐베르크 금속활자보다 10여 년 앞섰다. 한글

남북한 유엔 동시 가입 축하 선물로 유엔에 노태우 대통령이
기증한 《월인천강지곡》 금속활자본(1991년 9월)

활자본은 지금 보아도 높은 미적 감각을 보여 주는 단아한 고딕체다.

최근 국립중앙박물관은 국보 78호, 83호 금동불상 '반가사유상半跏思惟像'을 올해 11월부터 상설 전시하겠다고 발표했다. 가슴이 설레는 낭보다. '신라의 미소'로도 불리는 반가사유상은 부처가 깨달음을 얻기 전 태자였을 때 인생무상을 느끼며 고뇌하는 모습의 조각상이다. 특히 국보 83호 반가사유상은 선명한 이목구비, 균형 잡힌 옥체, 고졸한 미소를 지닌 한국 조각사 최고 걸작이다. 레오나르도 다빈치의 〈모나리자〉를 보러 루브르 박물관을 찾듯이 국보 83호 반가사유상을 보러 많은 관람

문화재 지정번호 폐지 전 국보 제78호(왼쪽), 국보 제83호(오른쪽) 반가사유상

객이 국립중앙박물관을 찾게 되는 대표적인 얼굴이 될 것이다.

혜곡 최순우는 명상에 잠긴 반가사유상의 신비한 미소에 대해 "슬픈 얼굴인가 보면 그리 슬픈 것 같지 않고, 입가에 흐르는 미소를 준엄한 기운이 누르고 있는, 무엇이라고 형언할 수 없는 거룩함"이라고 평했다. 신라 장인의 혼이 담긴 반가사유상은 한국인은 물론 외국인 관람객의 영혼을 사로잡을 것이다. 일본 국보 1호 '목조 미륵보살 반가사유상'은 우리 반가사유상을 빼닮았고 신라 적송으로 만들어진 불상으로 신라에서 전래되었다는 설도 있다.

반가사유상 상설 전시에 따른 일말의 불안감을 떨치기 어렵다. 세계적인 반달리즘 현상으로 문화재 수난시대다. 국보 1호 숭례문 방화 사건과 에르미타주 미술관에서 관람객이 렘브란트의 〈다이애나 여신〉에 염산 테러를 한 사건을 잊어서는 안 된다. 이미 대비는 했겠지만, 반가사유상을 위한 방탄유리는 물론 과하다 싶을 정도의 안전 대책이 필요하다. 부처님 오신 날, 부처님의 자비가 온 누리에 비추길 기원한다.

- 《매일경제》(2021.5.8)

내 인생과 함께한
러시아 음악

———— ○

신현웅 전 문화관광부 차관이 러시아 기차 횡단 여행을 하며 찍은 사진들을 보내왔다. 러시아의 아름다운 풍경을 배경으로 활짝 웃는 모습의 사진들이다. 서울올림픽 조직위원회 홍보조정관을 비롯해 예술의전당 당연직 이사와 문화관광부 차관을 지낸 그는 새천년준비위원회 상임위원장과 한·러 수교 10주년 기념사업 조직위원장을 맡고 있다. 테니스와 골프를 즐기고 음악·문학·미술 등 다양한 문화에 관심이 많은 신현웅 위원장은 클래식 애호가로도 익히 알려져 있다.

음악처럼 모든 예술 분야를 총체적으로 아우르는 장르도 없는 듯하다. 청년 시절부터 클래식 음악을 좋아했던 나는 온종일을 음악 감상실에서 보내는가 하면 좋아하는 음반은 무슨 수를 써서라도 구하는 집착을 보이기도 했다. 나이가 들면서 특정한 장르에 국한되지 않고 다양하게 음악을 즐길 수 있게 된 점이 가장 큰 수확이 아닐까 생각한다.

음악은 세월이 가야 그 진한 맛을 알 수 있는 법. 시간이 지날수록 깊은 맛을 내는 것은 오래된 와인의 향기만이 아니다.

나는 바이올린 음반을 좋아하고 즐겨 듣는다. 특히 바이올리니스트 장영주의 음악은 섬세하고 화려한 기교로 온 정신을 빼는 매력이 있어서 더욱 좋다. 그래서 그녀의 음반은 모조리 다 갖고 있는데 데뷔 앨범과 요즘 낸 음반을 들어보면, 세월이 갈수록 성숙해지고 여유로워진 그의 음악적 변화를 느낄 수 있어 신선하다. 특히 1996년 출반된 시벨리우스·멘델스존의 바이올린 협주곡 음반은 그녀의 신기 넘치는 솜씨가 돋보여 가장 즐겨 듣는다. 이 음반에는 오슬로 필하모닉과 피츠버그 심포니 상임 지휘자인 마리스 얀손스가 지휘한 연주회 실황이 담겨 있고, 시벨리우스 바이올린 협주곡은 베를린 필 정기 연주회 협연 때 녹음한 것이다.

탱고 음악과 잉카 음악도 좋아한다. 아프리카 음악 중 칸돔베 쿠라페발츠와 쿠바의 하바네라도 즐겨 듣는다. 탱고 음악은 음색과 음조, 가사가 애조를 띠면서도 통쾌한 구석이 있어서 독특한데 아르헨티나에 갔을 때 탱고는 여자로부터 시련당한 남자들을 위한 음악이라는 우스갯소리를 들은 적이 있다.

하지만 탱고 음악을 듣다 보면 이 말이 단지 재미로 만들어진 이야기만은 아닌 것 같다. 탱고의 멜로디들은 하나같이 아름답지만 삶에 대한 애환과 아쉬움, 미련 등 쓸쓸한 느낌이 담겨 있어 전체적으로 슬픈 애수가 깃들어 있다. 탱고 음악은 아무래도 아스토르 피아졸라를 빼놓을 수가 없는데, 아르헨티나의 우수에 젖은 음악적 분위기를 어쩌면 그렇게 잘 표현했는지 놀랍기만 하다. 반도네온과 기타 한 대로 연주한 〈탱고 앤솔러지Tango, An Anthology〉를 들어 보면 올드 가드 탱고의 요소에 재즈, 클래식 음악에서 받은 영향이 가미된 느낌을 받을 수 있다. 또한 〈Live at the BBC〉 실황 앨범은 당시 BBC의 TV 프로그램으로도 방영될 만큼 유럽에서도 인기를 모았던 음반이다. 잉카 음악 중 '엘 콘도르 파사'와 '아츄카차' 등은 격렬하면서도 특히 토속적인 리듬감이 인상적이다.

내 자신이 러시아 수교와 관련된 공직에 있다 보니 러시아 음악에 깊이 매료되었다. 러시아는 방문할 기회가 많았는데

한·러 수교 10주년 기념사업 조직위원장 필자와 외교부 차관 반기문, 이한동 국무총리, 비탈리 이그나텐코 러시아 부총리, 박권상 KBS 사장(2000년 9월)

특유의 사색과 절제, 열정과 낭만이 깃든 분위기는 그 어느 나라도 흉내 낼 수 없는 거대한 문화의 토양이 된 듯하다. 특별히 러시아 출장 시 구한 차이콥스키가 썼던 원본 악보와 지휘봉은 내가 가보처럼 아끼는 것들이다.

상트페테르부르크 알렉산드르 푸시킨
카페에서 필자(2016년)

라흐마니노프와 차이콥스키의 음악을 듣다 보면 어느새 러시아를 둘러찬 침엽수림과 대자연의 위대함을 느낄 수 있다. 또 러시아 음악은 성악 작품들이 우수해서 어찌된 일인지 실제로 러시아 사람들 중에서 노래를 잘 못하는 사람이 없을 정도다. 러시아 군사들이 전시에도 포켓에 푸시킨의 시집을 넣고 다녔다고 하니 문화를 얼마나 사랑한 민족이었는지 짐작이 가고도 남는다. 그 우수에 젖은 외로운 땅의 음악이 때로는 폭풍같이, 때로는 잔잔한 물결처럼 애수에 잠기게 해 나의 마음을 흔들곤 한다.

매년 크리스마스 시즌에 차이콥스키 작곡 〈호두까기 인형〉 발레 공연을 보면서 눈꽃 요정들의 춤, 합창을 즐긴다. 가족과 함께 한 해를 행복하게 마무리하고 새해를 맞이하는 송년 의례다.

- 국지연 기자, 〈내 인생과 함께한 러시아 음악〉,《월간 피아노음악》(2002년 9월호)

2000년 문화의 세기는
영화의 세기

──────── ○

국제필름보관연맹FIAF

영화제에 참석할 일이 잦았던 몇 년 전의 일이다. 내로라 하는 한국의 영화계 인사들이 한자리에 모여 자연스럽게 한국 영화의 현실, 외국 영화의 제작, 유통 배급 그리고 기술 등에 대해 이야기꽃을 피우고 있었다. 그때 평소 존경하던 원로 영화인 한 분께서 선진국의 필름 보관에 대해 부러워하시면서 우리도 피아프FIAF 회원국인 만큼 선진국의 과학적인 보존 기술을 빨리 도입하고 지금부터라도 필름 등 영상 자료의 보존에 투자를 해야 한다는 말씀을 하셨다.

그런데 누군가가 "피아프FIAF가 아니라 피파FIFA 아닙니까?" 하고 매우 점잖게 지적을 해 주셨고 갑자기 분위기는 요샛말로 썰렁해져 버린 적이 있었다. 그때 무안해하는 원로 영화인을 대변해서 평론가인 듯한 젊은 사람이 국제필름보관연맹FIAF과 국제축구연맹FIFA의 이니셜이 서로 비슷하다면서 그러나 그 뜻은 정신과 육체만큼 다르다라는 등 재치 있게 화제를 바꾸었고 우리야 영화 보는 것만 알지 필름에 대해서 뭐 아나 하는 식으로 본래의 영화제 분위기를 되찾은 일이 있었다.

새삼스럽게 먼 기억 속의 작은 일을 들추어 내 누가 옳고 그른지 따지자는 것은 결코 아니다. 시간이 흐를수록 또 시대가 변할수록 영상 자료의 중요성에 대해 강조할 때마다 그 일이 떠오르기 때문이다. 우리는 정말 영화를 볼 줄만 알았지 필름의 보존에 대해서 별로 생각해 본 일이 없는 것으로 보아 영상문맹이란 말이 나올 만하다.

한창 컴퓨터 바람이 일었을 때 컴맹 탈출을 위해 너도나도 컴퓨터에 매달려 지금은 초등학생 정도면 누구나 자판을 두드리고 또 정부기관은 물론 작은 구멍가게에서도 모든 일을 컴퓨터로 처리하게 되었다. 그런데 컴맹에서 겨우 벗어나니 정보문맹이, 그리고 영상문맹이, 아마 머지않아 문화문맹이란 조어가 생길 듯하다.

이제 700여 일 후면 21세기가 시작된다. 다가오는 2000년대는 천년의 역사가 바뀌는 새로운 밀레니엄으로 문화가 주도하는 문화의 세기라고들 한다. 우리는 곧잘 문화산업, 정보산업, 지식산업의 중요성을 이야기하지만 이러한 산업의 기초가 되는 기간산업은 바로 영상산업이다. 최첨단 과학기술과 접목된 첨단 영상 기술의 발전은 21세기 문화의 세기를 주도하게 될 것이다.

지금 우리나라뿐만 아니라 전 세계적으로 거액의 예산을

들여 초고속정보통신망을 구축하고 있다. 영상 최대 강국인 미국은 이미 국가정보망조직National Information Infrastructure이 완성되면 세계정보망조직Global Information Infrastructure 구축을 추진하여 위성통신을 통해 전 세계를 대상으로 영상물을 서비스하겠다는 계획을 발표하였다. 이것은 우리 자본으로 고속도로를 깔아 주고 그 위를 미국의 트럭이 미국의 영상물을 잔뜩 싣고 질주할 수 있게 만들어 주는 꼴이다. 우리나라의 정보산업 육성을 위해 꼭 필요한 초고속정보통신망의 이면엔 이런 어마어마한 미국의 전략이 숨어 있기도 하다. 무차별로 공격해 오는 할리우드 영화사들이 가장 선호하는 영화 시장이 한국이라는 사실은 더 이상 충격적이지 않다. 이에 대응하기 위해선 우리의 고속도로를 우리 제품을 싣고 달릴 수 있는 콘텐츠Contents 산업이 절대적으로 필요하다. 그 콘텐츠 산업의 기본 바탕이 되는 것이 지금까지 우리가 소홀히 여겼던 영상 자료임은 새삼 강조할 필요가 없다.

해외 영화제에 가 보면 이름에 걸맞게 크고 화려한 영화제도 있지만 대부분 조그만 시나 읍 정도에서 행사를 개최하는 경우가 많다. 그리고 전문적인 큐레이터 한두 명을 제외하고는 대다수가 그 지방 출신의 자원봉사자들인데 자국의 영화사뿐 아니라 그 필름들이 어디에 소장되어 있는지까지 정확하게 알고 있어 감탄을 하게 한다. 단순히 영화를 보고 즐기기만 하는 데서 그치는 것이 아니라 그 영화가 갖고 있는 부수 자료들과

임권택 영화감독의 문화훈장 수훈 축하 사진. 앞줄 중앙 임권택 감독과 필자(1998년 10월)

필름들을 잘 간직하여 후대에까지 기록으로 남겨 활용하는 그들의 보관 정신은 바로 문화 의식과 직결되는 것이 아닐까 한다. 영화야말로 그 시대의 정신과 생활, 문화를 담은 거울이며 인류 기록 유산인 소중한 자료이기 때문이다.

《조선왕조실록》보존 비화

우리 선조들의 기록과 문화재에 대한 의식도 남달리 유별난 데가 있는 것으로 알려져 있다. 임진왜란 시《동의보감》의 저자인 허균이 의학 서적을 지고 피난을 갔다는 건 다 아는 사실이고《조선왕조실록》의 사고史庫가 전부 소실되고 나머지 전주사고가 불타기 직전에 안의, 손홍록이라는 이름 없는 두 유

생의 노력으로 사고를 내장산과 묘향산으로 옮겨 숨겨 놓았다
가 왜란이 끝난 후 전주사고본을 복제해 춘추관, 오대산, 태백
산, 마니산, 적상산에 새 사고를 만들어 분산 소장하였다는 일
화가 있다.

또 6·25전쟁 때 사흘 만에 서울이 함락되어 당시 경복궁
안에 있었던 국립박물관이 인민군에게 넘어갔던 때이다. 관장
을 내쫓고 문화재들을 포장하라는 인민군의 지시에 박물관 직
원들은 여러 가지 핑계를 대어 포장을 지연하면서 9·28수복을
맞았고 몇 달 후 1·4후퇴 직전 때는 우리 문화재에 각별한 애
정을 갖고 있던 주한미국공보원장 유진 크네즈의 도움으로 트
럭과 열차에 문화재를 실어 부산으로 무사히 옮겨 놓은 적도
있었다. 이렇게 우리의 문화유산에 대한 열정은 정부 차원에서
만 조직적으로 이루어진 것이 아니라 향학열과 우리 것에 대한
투철한 의지를 지닌 민간인들에 의해 자발적으로 이루어진 것
이다.

그에 반해 우리의 영상 문화, 영상 자료는 왜 이리 무관
심 속에 방치되어 소외당해 왔는지 모르겠다. 반만년 문화 역
사를 자랑하는 우리 민족이 광복 전의 영화 필름을 단 한 편
도 갖고 있지 않다는 사실은 놀랍고 안타까운 일이다. 영화라
는 매체가 서양에서 뒤늦게 들어온 이유도 있겠지만 일명 딴따
라나 하는 일이라고 천시해 버린 우리 선인들의 경직된 사고와
미래를 대비하는 선각자적인 모험이 부족한 탓도 있었을 것이

다. 그 당시로서는 미래에 영상 시대가 오리라는 것을 전혀 상상도 하지 못했을 것이고 또 그런 필름이 문화재로서 가치가 있으리라는 것과 이 필름들을 어떻게 보관해야 하는지 방법조차 모르고 있었을 것이다. 그러니까 귀중한 필름들을 잘라 밀짚모자 테두리에 장식용으로 달고 다녔을 거고, 그 잘린 부분만큼 우리의 영화 역사가 사라졌다는 것을 아는 사람이 과연 몇이나 될는지.

우리의 초창기 영화 필름이 일본인의 손에 많이 있는 것은 그 시절 우리의 덜 깨인 인식 탓도 있지만 힘의 부족으로 빼앗긴 경우도 있었을 것이다. 앞으로는 병란兵亂에 의한 유실보다는 물리적·화학적인 손실에 대비하여 우리 영상 자료를 오래도록 안전하게 보존할 수 있는 최선의 방법을 강구해야 할 것이다.

우리 영상 자료의 보존 방안

그 첫 번째로 영화 필름의 디지털화를 추진해야 한다. 비용이 많이 든다고 해서 꺼리는 영상 자료의 디지털화를 한꺼번에 다 할 수는 없지만 그 시대를 대표할 수 있는 주요 영화들부터 차례로 디지털화하여 보존하는 방안이다. 21세기에 펼쳐질 디지털 박물관, 디지털 도서관에 이어 디지털 영상자료관이 새롭게 추진되어야 한다.

두 번째는 지난해부터 실시된 프린트 필름의 법적 제출

제도를 확대하여 원본인 오리지널 네거필름을 영구히 보존하고 듀프 네거티브를 만들어 프린트를 제작할 수 있도록 권장하여야 한다. 외국의 경우 듀프 네거에서 프린트를 몇십 벌씩 뽑아 배급하는 체제를 오래전부터 갖추고 있다. 이 경우에는 정부 차원의 예산 지원과 영화사 등의 협조가 절실히 요구되고 또 뒷받침되어야 한다.

세 번째로는 한국에서 제작된 영화 필름의 고유번호를 지정해 보관하는 방법이다. 도서관에서 ISBNInternational Standard Book Number 제도를 도입하여 전 세계적으로 유통하고 있듯이 우리 영상물에 우선 KSFNKorean Standard Film Number 제도의 도입을 추진하고 더 나아가 이를 세계화하여 ISFNInternational Standard Film Number 제도를 실시하는 것도 검토해 볼 만하다. 이런 제도의 도입을 통하면 중요 영상물의 누락이나 망실을 최대한 막을 수 있을 것이다. 물론 이런 보존 방법에는 이것저것 걸리는 부분이 상당히 많을 거고 또 당장 우리 현실에 맞지 않을 수도 있을 것이다.

그러나 한국 영화 100년사를 내다보고 한국 영화사를 연구, 정리하려면 눈으로 직접 보고 고증할 수 있는 영화 필름이 절대적으로 필요하고 그러기 위해선 당연히 그 필름들이 제대로 보존될 수 있는 영상 자료의 메카가 될 만한 큰 규모의 보존 센터가 설립되어야 한다.

21세기 한국의 문화는 일반 대중과 함께 호흡할 수 있는 예술성과 대중성을 지닌 민주주의적인 문화에 역점을 두고 있다. 이 두 가지를 가장 쉽게 충족시켜 줄 수 있는 것이 영상 예술이고 그 기본은 영화 필름이다. 우리는 영상 자료가 영상 문화재로서의 가치가 높다는 것을 충분히 인식했고 앞으로 그 기능과 역할은 더욱 커질 것이다. 영상 문화재인 영상 자료를 과학적이고 선진한 방법으로 보존하여 후손에게 물려주는 것은 문화민주주의에 한 걸음 먼저 다가서는 길로 미래의 유산인 영상 문화재의 보존을 위해 우리 영상 자료에 좀 더 따뜻한 애정을 갖고 조금 더 가까이 바짝 다가서자.

-《계간 영상문화정보》(한국영상자료원, 1997년 겨울호, 통권 6호)

새 문화정책과
영상산업

———————— ○

영상산업의 중요성

영상산업은 인간의 정신적 삶을 풍요롭게 할 뿐 아니라
창구 효과Window Effect가 크기 때문에 매체 간 변형을 통하여 막
대한 경제적 고부가가치를 창출하고 경쟁력의 원천이 되는 전
략산업으로서 그 중요성이 크게 부각되고 있다.

영상산업을 21세기 국가 전략산업으로 적극 지원, 육성
해야 할 필요성은 산업적 차원뿐만 아니라 문화적 차원에서도
그 중요성이 더해 가고 있으며 영상산업 분야에서 경쟁력을 잃
는다는 것은 단순한 무역수지 적자의 문제에 그치는 것이 아니
다. 영상산업은 단순히 돈을 버는 것이 아니라 그 나라의 이미
지를 세계에 심는 것이기도 하기 때문이다. 사실 한 나라가 갖
는 문화적 이미지와 우수한 문화 창출 능력이 국가 경쟁력을
좌우하는 문화전쟁의 상황은 이미 시작되었다고 하겠다.

이미 선진국들은 오래전부터 영상산업의 중요성을 인식
하고 영상산업을 차세대 첨단 전략산업으로 육성하기 위해 집

중적인 투자와 지원을 아끼지 않고 있으며, 해외 시장의 진출
에서도 우위를 점하기 위해 총력을 기울이고 있다. 그 이유는
영상산업이 21세기 성장 가능성이 가장 높기 때문이다.

세계의 문화 대국을 자처하며 최초의 영화 상영을 성공
시켰던 프랑스가 최고 수준의 인적자원, 첨단장비와 기술, 거대
한 자본력과 뛰어난 기획 및 마케팅 능력을 바탕으로 완전무장
한 할리우드 영화의 공략에 전전긍긍하며 자국 영화의 국내 시
장 점유율 40% 유지에 급급하고 있는 것은 오늘날 세계 영상
산업의 현주소를 극명하게 보여 주고 있는 상징적인 사례라고
할 것이다.

영상산업 진흥 시책

문화산업 진흥은 '제2의 건국'을 위한 핵심 실천 과제의
하나이다. 문화관광부에서는 문화의 힘으로 제2의 건국을 달성
하겠다는 의지를 담은 '새 문화정책'을 수립하고 발표한 바 있
다. 특히 영상산업의 문제점을 극복하고 이를 21세기 국가 기
간산업으로 육성하고자 다양한 시책을 마련하고 그 추진에 만
전을 기하고 있다.

문화관광부는 영상산업의 진흥 대책으로 기반시설의 조
기 확충, 관련 분야 간의 연관 효과 제고, 전문 인력 양성 체계
구축, 창업·제작의 촉진과 유통 구조의 현대화, 해외 시장 진출
강화, 제도적 기반 마련 등을 중점 과제로 선정하여 집중적으

로 추진해 나갈 계획이다. 또한 현실 여건상 대외 경쟁력이 있는 게임, 애니메이션, 음반 산업과 창구 효과가 큰 영화, 방송영상 산업을 5대 전력 분야로 선정, 중점 지원할 계획이다. 그중 영화 산업 진흥 부문을 소개하고자 한다.

오늘의 한국 영화가 당면한 문제점을 한마디로 표현한다면 산업구조를 갖추지 못하고 있다는 점이다. 우리 영화도 기획, 창작, 제작, 배급을 일관된 작업으로 진행시킬 수 있는 산업적 구조가 갖추어져야만 앞으로의 발전을 기대할 수 있을 것이다. 기반시설, 전문 인력, 투자 재원 또한 취약한 실정이다. 이러한 가운데 미국 영화를 필두로 한 외국 영화의 끈질긴 공세 속에서도 지난해 국내 시장 점유율 25.5%, 제작 편 수 59편을 기록한 것은 놀라운 일이라 하겠다.

올해 제51회 칸영화제에 이광모 감독의 〈아름다운 시절〉, 홍상수 감독의 〈강원도의 힘〉, 허진호 감독의 〈8월의 크리스마스〉 등 장편과 조은령 감독의 단편 〈스케이트〉가 초청받아 한국 영화의 가능성을 확인하였고 충분한 국제 경쟁력을 갖추기 위해서는 정부와 영화계가 힘을 합쳐 새로운 산업구조를 갖추고 세계 속의 한국 영화로 발돋움할 수 있도록 노력해 나가야 할 것이다.

문화관광부에서는 영화, 게임, 애니메이션 등 영상산업과 관련한 유망 벤처기업 38개 사가 입주하여 공동 기자재의 구입 활용 및 신기술 개발 등 고도의 시너지 효과를 창출하기 위하여 3,000평 규모의 서울영상벤처센터를 조성한 바 있다. 이 센터는 또 우리 영화를 세계에 알리는 종합 정보 센터로, 투자가들의 발길이 끊이지 않는 우수한 투자 마켓으로의 역할을 다할 것으로 기대하고 있다.

그리고 서울 종합촬영소를 단순한 영화촬영소의 기능을 뛰어넘어 첨단 영상산업의 기반이 될 종합 영상 지원 센터로 발전시켜 〈용가리〉와 같은 특수 영화의 제작을 활성화시키는 한편, 영상 체험 교육 센터의 조성 사업도 추진할 예정이다. 이 밖에도 투자 재원 마련을 위하여 한국기술금융이 주체가 되어 벤처 영상 투자조합을 결성하였고 앞으로 2~3개의 영상 전문 투자조합 설립을 추진할 계획이며, 우수한 국산 영화 제작 지원을 위하여 영화진흥금고에 100억 원을 국고에서 출연하고 앞으로도 계속 확충하여 2003년까지 1,000억 원을 조성해 나갈 예정이다.

아울러 장기적으로는 영화진흥법을 비롯한 영상 관련 법제의 정비, 판권 담보 융자 지원 제도를 통한 창작 의욕 고취, 소형 단편영화 지원 강화, 인력 양성, 외국과의 공동 제작 활성화 등 각종 제도적 보완에도 박차를 가할 계획이다. 영화 산업의 성패는 창의력이 높은 전문 인력의 육성 여부에 달려 있기 때문에 영상 전문 고등학교, 대학 관련 학과, 영화 아카데미 등을 통하여 감독, 영상, 조명, 음향 등 젊은 영화인의 양성과 그들의 해외 시장 진출도 적극 지원할 것이다.

좋은 시나리오의 발굴과 활용을 활성화하기 위하여 시나리오 뱅크의 구축도 검토할 예정이다. 또한 김진한 감독의 〈햇빛 자르는 아이〉가 단편영화로는 최고의 수준인 분당 200달러의 가격으로 프랑스, 독일, 덴마크 TV 등에 판매되면서 입증된 우리 영화의 우수성을 수출산업으로 발전시켜 나가야 할 것이다. 관람권 발매의 전산망 구축을 통해 투명한 피드백을 제도화하는 것도 한국 영화계의 진정한 발전을 위해 반드시 이루어 내야 할 또 다른 과제라고 하겠다. 아울러 국내의 모든 영상 자료를 대폭 확충하여 수집, 보관하는 한편, 그 영상 자료들을 디지털화하는 데에 많은 지원을 할 예정이며 그 영상 자료에는 기존의 극영화뿐만 아니라 단편영화, 뉴스성의 기록영화 등을 모두 포함시켜 선진 과학기술로서 영구히 보존하는 데에 노력할 것이다.

우리 영상산업의 미래

21세기는 우수한 문화 창출 능력을 가진 인재들이 얼마나 많으냐에 따라 국가 경쟁력이 가늠되는 문화의 세기가 될 것이라고 예측된다. 문화가 큰 역할을 하게 될 21세기는 우리 민족에게는 더할 나위 없이 좋은 도약의 기회라고 확신한다. 왜냐하면 우리 민족은 뛰어난 문화유산과 손재주를 가지고 있으며 반만년의 긴 세월 동안 고유한 문화를 굳건히 지켜 낸 세계적으로도 유례를 찾아보기 힘든 문화민족이기 때문이다.

이제 우리는 영상산업의 새로운 도약기를 맞이하고 있다. 우리는 문화의 힘으로 IMF 경제난을 극복하고 영상산업을 21세기 국가 전략산업으로 육성하여 제2의 건국을 이룩해야 할 것이다. 문화산업을 조선과 자동차 못지않은 국가 기간산업으로 육성할 필요가 있고 최근의 부쩍 높아진 사회적 관심은 매우 고무적이라고 생각된다.

영상산업을 반도체, 철강, 조선 등에 못지않은 21세기 국가 기간산업으로 육성하기 위한 정부의 역할은 여러 가지가 있겠지만, 실질적인 기간산업화를 지원할 수 있는 기본적인 법률의 제정이 무엇보다도 필요하다고 보고, 문화산업진흥기본법을 제정하고자 한다. 벤처성이 강한 영상산업의 특성상 정부가 자금을 조성하여 민간에 지원하는 일이 매우 중요하므로 문화산업진흥기금을 신설하여 향후 5년간 5,000억 규모로 조성해 나갈 계획이다. 또한 향후 문화산업의 비전과 발전에 대한 청사진을 제시하기 위하여 문화산업 발전 중장기 계획도 수립 중에 있다. 그리고 올해 내로 각종 규제의 55%를 폐지하는 등 규제 완화를 지속적으로 추진하여 창작의 자유를 보장하고 국제적으로 경쟁력을 가질 수 있도록 제도적으로 뒷받침하는 데 지속적인 노력을 경주해 나갈 예정이다.

그러나 영상산업의 육성은 이러한 정부의 의지와 정책만으로는 달성될 수 없으며 이와 함께 국민들의 관심과 국가 차원의 아낌없는 투자가 반드시 뒤따라야만 한다고 하겠다. 우리 영상산업의 앞날을 어둡게 하는 여러 가지 장애 요인들을 슬기롭게 극복하고 국민의 정부가 출범한 후 시행하고 있는 각종 진흥 시책들이 산업 발전의 진정한 디딤돌이 될 수 있도록 모든 노력을 기울여 나간다면 우리 영상산업의 앞날에는 밝은 미래가 펼쳐질 것으로 확신한다.

-《계간 영상문화정보》(한국영상자료원, 1998년 겨울호, 통권 10호)

팬이 만난
올해의 문화인 (장영주와 신현웅)

——————— ○

바이올리니스트 장영주 양 · 신현웅 전 문화부 차관

바이올리니스트 장영주 양(20)에게 이제 아무도 '신동'이라고 부르지 않는다. 언제부턴가 그는 앳되거나 풋풋한 이미지에서 벗어나 그 스스로 익어 가는 내면의 아름다움을 발하고 있다. 정신적·육체적 성장은 그의 음악적 긴밀함을 한층 더해 놓았다. 바야흐로 장영주는 튼튼한 밑동 위에서 줄기가 점점 굵어지는 '음악 인생의 여름'을 맞이한 기세다.

18일 오전 서울 여의도동 본사에서 장 양과 장 양의 열혈 팬이자 음악계에서 손꼽히는 문화행정가인 신현웅 전 문화부 차관(56, 재단법인 '천년의 문' 이사장)이 만났다. 두 사람은 1990년 이어령 초대 문화부 장관 초청으로 장 양이 첫 내한 공연을 가질 때 신 전 차관이 실무를 맡으면서 인연을 맺었다. 두 사람은 만나자마자 서로 포옹을 하며 재회를 기뻐했다.

신-똘똘하고 귀여웠던 꼬마가 어느새 이렇게 빼어난 숙녀가 돼 돌아왔네.

장-(쑥스러워하며) 숙녀는 뭘요, 여전히 건강해 보이시네요.

신-몇 해 전에 영주 부모님에게 사춘기를 잘 넘겨야 명연주가가 될 텐데라며 걱정의 말을 한 적이 있는데, 예상보다 훨씬 더 성숙한 모습으로 나타나니까 여간 기쁘지 않아. 누가 뭐래도 이젠 세계 최고의 아티스트로 완전히 틀을 잡았어. 어젯밤에 도착했다며? 무척 피곤하겠구나.

장-영국에서 연주 마치고 돌아왔어요. 피곤해할 시간도 없어요(두 사람 모두 웃음). 호텔에 도착한 뒤 20분 있다 곧바로 리허설했거든요. 오늘 오전에는 라디오 생방송에 출연했고 오후에도 기자회견과 〈이소라의 프로포즈〉에 녹화가 예정돼 있어요. 아직은 바빠도 즐거움이 더 커요.

신-크리스마스를 한국에서 보내게 됐네.

장-그래서 더 기뻐요. KBS교향악단과 지방 공연을 하게 되는데 친지들을 뵐 기회도 생겼고 이모(이화준)가 KBS교향악단 소속이라 협연도 하게 된 셈이죠. 무엇보다 언제나 저를 따뜻하게 맞아 준 한국에서 크리스마스를 보내게 돼 흐뭇하고요.

신-영주가 예술가 가족 출신이어서 그 영향으로 이렇게 큰 보석이 나왔구나 하는 생각을 자주 하게 돼(장 양의 외조부는 예술원 회원이자 전 서울대 교수인 이광로 선생이고 조부는 장덕희 전 농림부 장관으로 두 사람 모두 예술에 조예가 깊었다. 장 양의 부모는 음악인으로 활동하고 있다).

장-유럽 공연 때 건축가 출신인 외할아버지가 자주 동반하시고 제 연주복도 골라 주셨어요. 할아버지는 음악이 종합예술인 건축과 닮았다고 그러세요. 해외 공연을 가면 늘상 공항, 호텔, 공연장 뒷문 이 세 가지만 보고 다른 것은 전혀 볼 기회가 없거든요. 그럴 때면 할아버지가 어느 도시든 건물과 사람들의 일상을 둘러봐야 그곳의 문화를 알 수 있다며 항상 시간을 내 살펴보라고 충고하세요.

신-특정 분야의 예술인이라도 다양한 경험을 접해야 진정한 명인이 될 수 있지. 영주가 세계 최고의 음악인이지만 이렇게 만나 보면 한국적인 정서를 그대로 간직한 것이나 일반인들과도 비슷한 사고방식을 지닌 것이 대견스러워. 장 양의 어른들도 대단하시다는 생각도 들고.

장-저의 생명이나 마찬가지인 손을 다치는 일이 아니면 어떤 일이든지 말리지 않으세요. 집안일도 종종 하고 요리도 하는 등 집에서는 여느 사람과 비슷하게 지내요. 일상과 호흡하는 것이 오히려 좋은 작품과 연주가 나오는 길인 것 같아요.

신-우리 전통음악이나 가곡과 같은 곡들도 접해 보는 것도 좋지 않을까. 앙코르 곡으로 연주하거나 소품들을 담은 앨범에도 한 작품씩 넣으면 한국민들로서는 큰 영광일 텐데. 요즘에는 클래식 음악인들이 탱고도 자주 연주하지?

장-6년 전 광복 50주년 특별음악회 피날레에서 전 모르고 있었는데 전 출연진이 나와 '우리의 소원'을 부르는 코너가 있었어요. 그때 그 노래를 몰라 얼마나 당황했는지 몰라요. 당황해하자 조수미 언니가 무대 뒤에서 종이에 가사를 적어 줘 순간적으로 외웠거든요. 그때 이후 우리 음악에도 관심을 가져야겠다는 생각을 했는데 아직은 미흡한 것이 사실이에요. 말씀대로 우리 음악도 꼭 접해 보고 연주하는 기회도 만들겠습니다. 탱고 음악이나 크로스오버에도 언뜻언뜻 매력을 느끼고 있는데 점차 다양한 음악들을 만나 볼 계획이에요.

신-영주의 내한 공연을 전부 다 봤어. 음반도 다 가지고

신현웅과 장영주. 《국민일보》 제공(2001년)

있고. 어제 음반을 처음부터 다시 한 번 들어 봤는데 확실히 어렸을 때와는 달리 음이 풍부해졌고 깊어졌다는 느낌이야. 그러면서도 시벨리우스 협주곡 초반부같이 예민하고 고난이도의 연주도 아주 잘해 내더라고.

장-어렸을 적 앨범을 들으면 혼자 키득거릴 때가 있어요. 작품 해석이나 연주 방법이 달라지고 있는 걸 보면 꾸준한 연습과 작품 이해를 위해 오랜 기간 투자해야 한다는 생각을 하게 돼요.

신-노래방에 가 봤어? 한국인이 가무에 능하다는 걸 금방 확인할 수 있는 곳인데.

장-아직요. 그렇지 않아도 10월에 함께 내한한 런던 필하모닉 연주자들이 공연 이튿날 노래방 가서 아주 재밌게 놀았다고 한참 자랑하더라구요. 그날 밤에 같이 가자고 했는데 결국 가지는 못했어요.

신-우리나라 음악 팬들도 예전에 비하면 연주 감상 태도가 아주 좋아진 것 같아.

장-10월 내한 공연 때 쿠르트 마주어 선생님이 '한국인들의 관객 태도가 너무 좋고 공연장 분위기도 썩 마음에 들었다.'고 그러셨어요. 외국 연주자들은 엄격한 관객 태도를 요구하는 편이지만 저는 개인적으로 관객이 감상의 느낌을 숨기지 않고 즉각 반응을 보여 줄 때 힘이 더 나는 케이스예요. 악장 사이에 박수를 치거나 기침을 해도 전혀 방해가 되지 않아요. 특히 내한 때 저한테 보여 주는 우리 음악 팬들의 열정적인 태도는 언제나 보람을 느끼게 해 줘요. 10월에 런던 필 연주자들이 "영주 씨가 나오니까 박수 소리가 달라지네, 너무 좋겠다."라고 말했을 때 고국 팬들에 대한 깊은 감사를 드리고 싶었어요.

장 양은 이날 얘기 나누기 참 좋은 사람이라는 인상을 줬다. 얼굴에 만면의 미소를 담고 조금 빠른 듯하며 또박또박하게 이야기하는 것에서 스무 살 처녀의 발랄함과 젊은이의 열정을 느낄 수 있었다. 시의적절한 감탄사와 감사의 말을 대화 곳곳에 넣으며 시종일관 상대를 깍듯이 대하는 모습에서는 그가 예의 바른 한국 젊은이임을 확인할 수 있었다. 신 차관은 장 양이 자신보다 36세나 어린 젊은 연주자임에도 그를 깊이 배려하는 모습을 보여 줬다. 그는 끝인사로 '장 양이 꼭 갖고 싶어 하는 바이올린이 있는 것으로 아는데 새해에는 꼭 생기게 되길 바란다.'고 기원했다.

장 양은 22일 대구, 25일 서울, 26일 부산, 27일 대전에서 공연을 갖고 28일에는 중국 인민대극장에서 '베이징 신년 이브 Eve 콘서트'를 갖는다. 내년에는 처음으로 베토벤 작품과 쇼스타코비치의 1번 협주곡을 대중 앞에서 연주할 예정으로 연습에 여념이 없다. 장 양은 끝으로 '월드컵 기간에 1개월간의 영국 투어 공연이 있지만 기회가 되면 꼭 월드컵 축하 연주를 하

왼쪽부터 필자, 장영주 모친, 바이올리니스트 장영주,
한승수 대통령 비서실장, 장영주 부친(1995년)

고 싶다.'고 말했다.

- 손병호 기자, 〈고국 관객 뜨거운 호응 언제나 큰 힘〉, 《국민일보》(2001.12.19)

제2부

올림픽 & 월드컵

필자가 서울올림픽 외신지원단장 시절, 외신지원단 자원봉사자들과 함께(1988년 9월).
앞줄 왼쪽부터 다섯 번째 필자, 뒷줄 중앙 위계출 외신과장

응답하라
1988 vs 2018

——————— ○

지중해는 문명의 바다다. 작년 여름 지중해 크루즈 여행을 하며 선상 3,000석 원형극장 공연을 즐겼다. 2016 영국 ITV 〈브리튼스 갓 탤런트〉 준우승 팀 'Vox Fortura' 보컬그룹 공연 배경 영상이 서울올림픽이었다. 이들의 '히어로스Heroes', '메이크 잇 레인Make it rain!' 노래도 좋았지만 서울올림픽 개막식에서 어린 소년이 정적 속에 굴렁쇠를 굴리며 텅 빈 운동장을 가로질러 중앙에서 손을 흔들던 장면, '손에 손잡고' 열창, 초가을 한강 변 풍경이 관객을 사로잡았다. 서울올림픽 조직위 홍보조정관으로 봉직했던 필자는 감개무량했다.

고대 올림픽과 근대 올림픽 탄생지인 그리스의 2004 아테네올림픽 개막식에서 에게해를 상징하는 호수에서 어린이가 작은 종이배를 타고 입장해 중앙 무대 대통령과 인사를 나누는 장면은 전 세계에 강한 인상을 남겼다.

아테네올림픽 개·폐회식 총감독을 맡은 세계적 연출가 디미트리스 파파이오아누는 '종이배' 장면이 서울올림픽 개회식의 '굴렁쇠 소년'을 보고 영감을 받아 만든 작품이었다고 고백했다. 세계적 인문학자이자 기호학자인 이어령의 상상력으로 탄생한 서울올림픽 개·폐회식은 아직도 세계인에게 큰 감동을 주고 있다. 그리스는 기원전 5세기 희곡 수천 편 중 46편이 온전하게 전승되어 공연하는 나라다. 연극 종주국 연출가가 동양 현자에게 한 수 배웠다.

서울올림픽 문화유산은 평화의 문, 올림픽조각공원과 '손에 손잡고' 주제가를 꼽을 수 있다. 올림픽공원에 세워진 평화의 문은 르 코르뷔지에 문하생인 건축가 김중업의 작품이다. 인류의 화합과 전진의 올림픽 정신을 형상화한 높이 24m, 폭 6m, 길이 37m의 아름다운 건축물이다. 사지를 크게 벌리고 하

서울올림픽 주제가 '손에 손잡고'를 부른 코리아나 그룹과 함께.
오른쪽 첫 번째 《조선일보》 김태익 기자, 세 번째 필자(1988년 9월)

늘로 날아오르는 큰 날개 형태의 지붕이 압권이다. 앨버트로스 나빌레라! 비상하라 코리아여! 당초 설계안은 현재 크기의 폭, 길이, 높이가 2배인 거대한 상징물이었으나 일부 언론에서 너무 높고 커서 위험하다는 비판이 나와 축소 건립됐다. 풍동·실험을 거쳐 건립할 수 있는 한국 상징물이 비판의 문턱을 넘지 못해 아쉽다. 1988년 66세 김중업의 별세는 못다 이룬 한 때문이었나?

한성백제 몽촌토성을 둘러싼 올림픽공원에는 66개국 유명 조각가 작품 222개가 설치돼 있다. 세계 5대 조각공원 중 하나다. 인류 화합 취지에 공감한 세계 조각가들이 왕복 항공료와 6개월 체재비만 받고 거의 무상으로 작품을 기증해 2년 만에 조성됐다. 박세직 위원장 집념의 결실이다. 인기 작품은 프랑스 세자르 발다치니의 〈엄지손가락〉, 베네수엘라 라파엘 소토의 〈구球〉, 이탈리아 마우로 스타치올리의 〈서울올림픽〉, 알제리 모한드 아마라의 〈대화〉 등이다.

이탈리아 출신 조르조 모로더가 작곡하고 코리아나가 부른 '손에 손잡고'는 베이징올림픽 예술감독 장이머우도 인정했듯이 역대 최고 올림픽 송이다. 이 노래는 지정 공모 3개 안 중 이어령 교수의 강력 추천으로 선정된 걸작이다. 전 세계에서 음반이 1,000만 장 이상 팔리고 영국, 일본 등 50여 개국 차트 1위에 올라 서울올림픽 붐 조성에 기폭제 역할을 했다. 32년이 지난 지금도 사랑받는 명곡으로 평가받고 있다. "손에 손잡고 벽을 넘어서 / 서로서로 사랑하는 한마음 되자." 응답

평화의 문 ©국민체육진흥공단

하라 1988 올림픽 패밀리여! 온 국민이 한마음 한뜻으로 뭉쳤던 그 기상을 오늘에 되살리자! 필자가 자문위원장으로 3년 전 평창올림픽 조직위원회에 제안해 추진했던 '시와 꽃이 있는 올림픽동산'이 백지화되어 안타깝다. 평창올림픽 참가 92개국 국가올림픽위원회NOC를 통해 각 나라 대표적 시와 꽃나무를 확보해 자연석 시비를 알펜시아 잔디광장에 조성하는 10억 원 규모 사업이다. 그 나라 언어, 한글, 영어로 표기된 시비는 먼 훗날 '로제타 스톤' 같은 문화유산이 될 수 있을 텐데! 응답하라 2018 평창올림픽 조직위와 강원도여! 평창올림픽 문화유산으로 무엇을 남길 것인가?

- 《매일경제》(2020.9.12)

서울올림픽
사계四季

———————— ○

어느 잡지사의 여론조사에 의하면 우리나라 사람이 가장 좋아
하는 고전음악은 안토니오 비발디의 바이올린 협주곡 〈사계〉라
고 한다. 〈사계〉 중 '가을'은 사람의 심리 상태가 불안하거나 슬
프고 짜증 날 때 마음을 평온하게 해 주는 효과가 있다고 하는
데, 70% 이상이 '가을'을 즐겨 듣는다는 통계를 보고 박세직
위원장과 88 서울올림픽을 나름대로 〈사계〉에 맞추어 회상해
본다.

겨울

1987년 11월 '마유미 사건'으로 알려진 KAL기 폭파 사
건은 한국은 물론 전 세계를 경악케 한 불행한 사건이었다. 한
반도에 전쟁 분위기를 조성함으로써 세계 각국의 올림픽 불참
을 유도하고 서울올림픽 자체를 유산시키려는 북한의 방해 공
작이 극에 달한 이 사건은 많은 사람들에게 슬픔과 분노를 안
겨 주었다.

그동안 북한의 서울올림픽 참가를 위해 온갖 노력을 기울였던 것이 헛일이 되어 버린 사건으로 한때 일부 국가들은 서울올림픽 참가를 다시 생각하기도 했었다.

그러나 서울올림픽 조직위원회의 모든 참가국 선수와 관계자들의 신변 보호를 위한 안전 대책 홍보로 이 사건은 냉전의 지구촌 참가국에게는 안도감을, 그리고 우리 국민들에게는 하나로 뭉치게 하는 계기가 되었다.

또 하나의 사건은 1988년 2월 캐나다 캘거리 동계올림픽 현장에서 한 대사의 실언으로 인해 일어났다.

그때 나는 캘거리에서 서울올림픽 홍보관을 점검한 뒤 메인프레스센터에서 열릴 박 위원장의 공식 기자회견을 준비했었다. 전 세계 언론인 300여 명이 참석한 가운데 박세직 위원장이 뛰어난 영어 실력을 유감없이 발휘했던 기자회견이었다.

그런데 그 자리에 배석했던 주캐나다 한국 대사가 어느 기자의 질문에 "북한의 도발 행위가 여러 차례 있었으며, 언제 또 그런 일이 일어날지 모른다, 서울올림픽 개최 기간 중에는 미국 항공모함이 동해에서 경계 태세를 갖추게 될 것이다."라고 답변하여 모두를 놀라게 했다. 북한의 호전성과 우리의 철저한 방위력을 부각시키려던 대사의 발언은 '한반도 전쟁 가능성과 서울올림픽대회 평화적 개최 우려'라는 기사로 오보되어 순식간에 각국으로 타전된 것이다.

기자회견장을 나온 우리는 외신 보도의 내용을 분석한

서울올림픽 D-100일 자원봉사자 대표, 박세직 서울올림픽 조직위 위원장과 함께
왼쪽 필자가 횃불을 들고 올림픽 성공 개최를 염원하고 있다(1988년).

후 다음 날 아침 AP, 로이터, 신화사통신 등 주요 외신 기자들과
함께 조찬 간담회를 가졌고 박 위원장의 진지한 해명은 한반도
전쟁 위기설 기사 논조를 바꾸게 하는 데 많은 영향을 주었다.

　　지금도 그 일을 생각하면 진땀이 날 만큼 난감한 사건이
었다.

봄

　　D-데이 200일을 남겨 놓고 공산권 국가 참가 여부가 서
울올림픽 성공의 주요 변수임을 예상해 올림픽 조직위원회 홍
보조정관실에서는 대공산권 특수 홍보 전략을 세웠다.

　　먼저 공산권 언론인인 소련 타스통신, 폴란드, 헝가리 등

의 도쿄지국장들을 서울로 초청해서 서울올림픽에 대한 구체적인 설명과 함께 한국에 대한 전반적인 이해의 폭을 넓혀 주었다.

그리고 유고슬라비아, 헝가리 부다페스트, 체코슬로바키

'서울올림픽의 밤' 행사에서 독일 리하르트 폰 바이츠제커 대통령과 필자(1988년 2월)

독일 마인츠 힐튼호텔에서 열린 발 데스 스포츠Ball des Sports의 '서울올림픽의 밤'에서 필자가 헬무트 콜 서독 수상에게 태극선을 선물하고 있다. 왼쪽 두 번째 박세직 위원장 부인(1988년 2월)

아의 국제 민속 축제와 체육 행사에 참가하여 자연스럽게 서울올림픽을 홍보하고 모스크바, 바르샤바, 프라하 등 공산권 국가의 주요 공항에 서울올림픽 전광판을 설치한 것은 수교가 없었던 그 당시로선 획기적인 일이었다.

한편 세계 주요 지역에서는 '한국의 날' 행사가 끊임없이 열렸는데 그중 가장 기억에 남는 것은 1988년 2월 26일 서독 마인츠에서 있었던 '서울올림픽의 밤' 행사에 박 위원장을 모시고 강원룡 목사, 정성수 시인과 함께 참석한 일이다.

한국의 청사초롱 1,500개가 행사장에 내걸린 가운데 우리 고전무용으로 시작한 이 행사는 리하르트 폰 바이츠제커 대통령과 콜 수상 등 독일연방공화국의 정계·재계·체육계 거물급 인사 2,000여 명이 참석한 대무도회였다. 서울올림픽에 대한 화제 그리고 노래와 춤으로 밤을 지샜던 그 무도회는 박 위원장의 외교 능력을 다시 한 번 확인했던 국제적인 행사였다.

여름

서울올림픽을 발판으로 삼아 보다 나은 '한국·한국인·한국 문화'의 이미지를 심으려는 박 위원장은 외신 기자들의 평가가 올림픽 성공의 핵심이라면서 내가 단장으로 있던 외신지원단을 과감하게 밀어 주었다.

외신지원단이 있는 메인프레스센터에서는 5개의 특별 보도 대책반이 취재 편의와 애로 사항을 처리하고 수백 명의 자원봉사자들은 영어를 비롯한 11개의 외국어로 한국과 올림픽을 안내해 주었다. 기자회견의 경우는 한국어, 영어, 프랑스어, 독일어, 스페인어, 러시아어로 완벽하게 통역되어 호평을 받았다. 그리고 메인프레스센터 내의 내외신 기자들에게 공산국가의 신화사, 타스통신을 비롯해 AP, UPI, 로이터, AFP, 공동통신, 연합통신 등 8개 통신사의 뉴스를 제공한 것은 올림픽 사상 처음 있는 일이기도 했다.

서울올림픽을 취재한 보도진의 총인원은 123개국의 인쇄매체 1,583개 사와 방송매체 131개 사 등 1만 5,700여 명으로 집계되었는데 이는 올림픽 이래 최대의 보도진으로서 84년 LA 올림픽 취재진 8,300명의 약 2배에 달하는 숫자였다. 특이한 현상은 스포츠 기자뿐만이 아니라 정치·사회·문화부 기자가 상당수 포함되어 있어 이들의 한국 문화 이해를 돕기 위한 행사로 한국 가정 방문, 판문점 및 주요 산업 시설 시찰 등을 주선하고 '세계 언론인의 밤'을 개최하여 축제 분위기를 만들어 주었다.

서울올림픽의 취재 열기는 선수촌에서 자신을 사랑하는 줄로 착각한 한국 경비원의 네덜란드 여기자 침입 사건, 복싱장 심판 구타 사건, 세계적 육상 선수 벤 존슨의 약물복용 사건, 미국 수영 선수 절도 사건 등과 함께 절정을 이루었고 그 해결을 위해 외신지원단은 정신없이 바쁜 나날을 보냈다.

가을

이념의 벽을 넘어서 동서 화해의 가교 역할을 했던 제24
회 서울올림픽! 오늘날 한국의 국제화와 세계화 바람은 그 서
울올림픽 열풍을 생각나게 한다. 서울올림픽대회는 올림픽 사
상 가장 위대한 올림픽이라는 국제적 평가를 받았었다.

권위 있는 외신들은 서울올림픽을 '한국의 전통문화와
한국인의 저력이 돋보인 대회', '서울올림픽의 최대 승리자는
한국과 한국민'이라고 찬사를 아끼지 않았고 이러한 평가는 우
리나라가 '세계 속의 한국'으로 부상하는 데 큰 도움을 주었다.

안으로는 서울올림픽 조직위원회 사령탑을 축으로 톱니

필자가 서울올림픽 100m, 200m 2관왕을 차지한 플로렌스 그리피스 조이너
미국 여자 육상 선수, 서울올림픽 다이빙 2관왕에 빛나는 그레그 루가니스
미국 수영 선수와 함께 기념사진을 촬영하고 있다(1988년).

바퀴처럼 맞물린 우리 국민들의 질서 의식과 참여 의식이 하나
가 되어 성숙한 모습을 보여 주었다.

다만 지금도 아쉬운 것은 이런 서울올림픽 정신이 국가
적 동력화에 편승하지 못한 점이다. 한동안 질 높았던 방송과
언론은 연일 실망을 안겨 주었고 우리 스스로가 칭찬했던 질서
의식과 참여 의식도 수그러들기 시작했다.

그리고 올림픽 붐으로 상승세를 보였던 우리 상품 수출
이나 관광 사업도 침체 현상을 가져왔다. 그것은 삼청교육대
사건의 여론 재판이 시작되면서 결국은 5공청문회로까지 이어
져 서울올림픽이 애써 가꾼 황금의 열매들이 이 가을 낙엽처럼
떨어졌기 때문이다.

이렇게 많은 추억을 남긴 88 올림픽도 6년이란 시간의
흐름 속으로 묻혀 가고 있다. 낯 뜨거운 줄 알면서도 새삼스럽
게 올림픽의 성과에 대해서 일일이 열거한 것은 화려함 뒤에
가려진 아픔을 이제는 웃으면서 얘기할 수 있을 만큼 세월이
흘러서이다.

끝으로 지난날 박 위원장의 힘찬 맥박 소리를 다시 듣고
싶은 만큼 진갑을 맞은 그에게 다정한 말을, 부드러운 위로를,
굳센 악수를 해 드리고 싶다.

- 인천 박세직 위원장
진갑 기념문집, 《서울올림픽의 묻혀진 이야기》, 고려서적, 1994

월드컵 유치
비화祕話

――――――― ○

코로나 환란 중에 스포츠에 목이 말라 월드컵이 불현듯 떠오른다. 2002 월드컵 유치 드라마의 막전막후 이야기다. 2032년 하계올림픽과 향후 월드컵 유치를 기대하며 뒤돌아본다.

1930년 시작된 월드컵은 60년간 유럽과 남미 국가에서 번갈아 개최됐다. 1994년은 북미 대륙 미국에서, 2002년은 아시아 대륙에서 개최하기로 결정되자 일본은 1989년에, 한국은 1994년에야 유치전에 뛰어들었다. 대한축구협회 정몽준 회장은 국제축구연맹FIFA 부회장 겸 집행위원으로 선출되어 FIFA에 교두보를 구축하고 전 세계를 돌며 유치 활동을 펼쳤다. 그러나 문민정부가 들어선 후 대선 후유증으로 월드컵 유치와 정 회장에 대한 청와대 분위기는 냉랭했다. 당시 문체비서관이던 필자는 월드컵 유치 필요성을 제기하고 정 회장의 청와대 방문을 주선했다. 유치 중요성을 확신한 김정남 교문수석은 비서실 내 의견을 조율하고 김영삼 대통령의 재가를 얻어 월드컵 유치를 적극 추진토록 1994년 5월 문체부에 지시했다.

브라질 출신 주앙 아벨란제는 1963년부터 국제올림픽위원회IOC 위원으로, 1974년부터 FIFA 회장을 겸임하며 월드컵을 세계 최고 스포츠 제전으로 만든 축구황제였다. 한국이 유치전에 돌입하자 아벨란제 회장은 '일본의 개최안이 가장 좋고 한국은 전쟁 위협이 있다.'면서 일본을 편들었다. 일본에 기울어진 운동장이었다. 이런 상황에서 김 대통령은 유치 지원에 적극 나섰다. 관련국 정상회담과 함께 김영수·최호중·이양호 장관을 대통령 특사로 파견하고 FIFA 집행위원 12명을 만나 한국 지지를 당부했다. 20대 그룹 회장도 청와대 오찬에 초대하여 유치 협조를 요청했다.

월드컵에 한 번도 출전하지 못한 일본보다 3회 연속 출전한 한국이 월드컵을 개최해야 한다는 전략을 폈다. 한국은 축구 전용 구장이 하나도 없는데 일본은 이미 여러 개 확보하고 있었다. 한편 유럽 축구계의 한일 공동 개최안을 수용하자는 의견이 있었으나 집행위원 지지표를 확보하지 않은 중도에 타협은 필패라는 의견을 유치위에 전달해 궤도 수정을 막았다.

1995년 5월 아르헨티나 마르델플라타에서 열린 남미축구대회에 가는 길에 이홍구 전 총리와 정몽준 회장이 카를로스 메넴 대통령 목장을 비공식 방문한 기사가 《라나시온La Nation》에 게재됐다. 세계 축구계 인사가 체류하던 호텔에서 그 신문을 보고 당황해하던 일본유치단 모습이 눈에 선하다. 한국유치단은 레스토랑과 경기장에서 각국 축구인과 개별적으로 어울

청와대 대통령 예방 후 정몽준 대한축구협회 회장,
델 네루 브라질 축구협회 회장 겸 FIFA 집행위원과 함께. 왼쪽 첫 번째 필자(1996년)

리는 반면 일본유치단은 그들끼리 조찬과 회의를 하였다. 이
전 총리 주최 리셉션 시간에 아벨란제 회장이 갑자기 만찬 회
의를 소집해 축구계 인사들이 뒤늦게 리셉션에 나타나는 해프
닝도 있었다. 이 전 총리는 대통령궁을 방문해 메넴 대통령에
게 지지를 부탁했다. 이 전 총리의 외교와 정 회장의 불도저 돌
파력으로 남미에 발판을 마련했다. 필자는 유치 현장에서 일본
의 수비축구 외교와 한국의 공격축구 외교를 지켜보며 우리의
승리를 예감했다.

유치 결정 3주 전 주앙 아벨란제 회장 생일 파티에서 후
안 안토니오 사마란치 IOC 위원장은 'FIFA 집행위원 24명 중
한국 지지표가 일본보다 훨씬 많다.'고 귀띔했다고 한다. 1996

년 5월 말 필자는 유치단 일원으로 스위스 취리히에 머물렀다. 폭풍 전야의 밤은 고요했다. 결선투표 전날 정 회장은 FIFA 회장이 한일 공동 개최를 제안했다고 알려 주었다. 김광일 대통령비서실장에게 전화하니 어제 김운용 IOC 위원이 그 상황을 알려 주어 대통령께 보고했다고 하였다.

FIFA 총회장에서 한일 공동 개최가 발표되는 순간 한국 유치단의 환호와 일본유치단의 침울한 분위기가 지금도 생생하다. 대~한민국 국민이 하나 되어 만든 기적이다. 유치에 공을 들였던 김영삼 대통령은 2002 월드컵 개막식에 초청받지 못해 섭섭해했다. 후임자가 전임자를 모시는 아름다운 전통은 언제쯤 만들어질까.

- 《매일경제》(2020.5.23)

월드컵 때
아프간 어린이 초청을

———————— ○

올림픽과 월드컵을 비롯한 국제대회는 단순한 스포츠 경기일 뿐만 아니라 인류의 화합과 평화를 구현하고자 하는 종합 축제다. 최근 국제축구연맹FIFA과 유니세프가 2002년 한일 월드컵을 '어린이에게 도움의 손길을Say Yes for Children'이란 주제의 대회로 열기로 합의한 것은 역사적인 의미가 있다.

이번 대회는 1930년 우루과이에서 제1회 월드컵이 개최된 이후 처음으로 인도주의적인 주제를 내세우고 열리게 된 것이다. 어린이의 몸과 마음을 건강하게 만드는 건전한 레크리에이션으로서 축구의 가치를 높이고 그들에게 꿈과 희망을 주는 계기가 될 수 있다고 본다. 유엔과 한일 양국이 함께 노력하는 이번 캠페인은 월드컵 기간 중 3일간을 '평화의 날'로 선포해 세계 곳곳의 분쟁 지역에서 이 기간만큼은 어린이를 위해 무기를 내려놓고 전쟁을 중단토록 함으로써, 세계 평화에 대한 인식을 새롭게 하고 분쟁 지역과 가난한 나라의 어린이에 대한 관심을 높이는 데 이바지할 것이다.

분단국이자 전쟁 피해국인 한국이 '월드컵을 계기로 가난한 나라를 돕고 세계 어린이를 사랑하자.'는 평화 메시지의 발신국이 되도록 하기 위해 몇 가지 제안을 하고자 한다.

첫째, 아프가니스탄의 탈레반 정권 치하에서 여자 어린이를 비롯한 전 여성의 교육과 사회활동이 금지된 상황 속에서도 목숨을 걸고 지하에서 여학생들을 가르쳐 어린이 사랑을 몸소 실천한 여선생들과, 분쟁 지역과 빈곤 국가의 어린이들을 월드컵에 초청해 소외된 어린이 문제를 다시 생각하게 하는 계기로 삼도록 하자.

둘째, 가난한 나라의 어린이 문제 해결과 경제개발을 도울 수 있도록 우리 정부는 저개발국을 돕는 공적원조자금ODA의 규모를 향후 5년간 국내총생산GDP의 0.1% 수준으로 획기적으로 높이자. 일본은 GDP의 0.2%인 130억 달러를 ODA로 개도국에 지원하고 있는 데 비해 한국은 GDP의 0.047%인 2억 달러 수준의 자금만 지원하고 있는 것은 부끄러운 수치라고 본다.

셋째, 이번 월드컵을 계기로 우리 국민이 1인당 GDP 1만 달러 수준에 걸맞게 세계의 가난한 어린이들을 돕고 더불어 사는 기쁨과 보람을 느낄 수 있도록 매달 1만 원씩이라도 자기 소득의 일정 부분을 기부하는 문화가 정착되도록 노력하자. 어려운 이웃을 돕는 것이 진정한 문화시민이 되는 길이라는 인식을 갖도록 하자. 2002 한일 월드컵 대회가 경기를 관전하거나 시청하는 사람들이 단지 축구 경기를 관전한다는 기쁨을 넘어

수억 명의 소외된 이웃과 어린이들을 다시 생각하는 계기로 승화될 수 있다면 더욱 큰 의미를 남기게 될 것이다.

1930년 우루과이에서 FIFA 주관 최초 월드컵이 열린 이후에 2002 한일 월드컵이 어려운 이웃 니리 어린이도 참관하여 즐기는 대회가 되기를 기대한다.

- 《동아일보》(2002.4.23)

16강
집착 말자

──────── ○

서울올림픽은 사상 최고·최대의 올림픽으로 기록되고 있다. 이는 한국이 종합 4위라는 성적을 올려서가 아니라 온 국민이 마음을 합쳐 전 세계에 감동을 주는 아름답고 화합을 다지는 올림픽을 개최하였기 때문이다. 드디어 4개월 후(2002년 5월)에는 21세기 최초의 월드컵 대회가 열린다. 우리나라 축구 팀이 16강에 진출하느냐에 많은 관심이 쏠려 있으나 이는 월드컵의 성패를 가름하는 유일한 잣대는 아니다. 우리가 할 일은 16강 진출에 집착하기보다는 감독과 선수를 믿고 그들을 응원하기 위하여 경기장을 자주 찾아 축구 사랑을 실천하는 것이다.

월드컵 개최 도시에서는 한국 팀만을 응원하는 붉은 악마뿐 아니라 응원단의 방한이 적을 것으로 예상되는 아프리카, 중남미, 중동과 동구권 등의 대표 팀을 지원하는 자발적인 응원단을 만들자. 참가국과 연고가 있는 기업인, 학생, 시민들로 구성된 얼룩말, 검은 독수리, 녹색 천사, 붉은 사자 등 응원단이 그들을 격려한다면 그들 나라에 친구의 나라 한국의 이미지를 심는 계기가 될 것이다. 월드컵 대회는 단순한 스포츠 경기가 아니다. 인류의 화합과 평화를 구현하고자 하는 종합적인 문화 예술 축제다. 국가 문화 이미지를 높일 수 있는 귀중한 기회이기도 하다.

이를 위해 월드컵 개최 도시에서는 유형·무형의 문화재와 전국 민속경연대회에서 발굴된 우수한 작품, 그리고 대중문화와 현대예술 작품을 하나의 주제하에 용해시킨 문화 이벤트가 필요하다. 일방적으로 보여 주는 것이 아니라 한국을 찾는 외국인이 함께 참여하여 즐길 수 있는 '문화월드컵'의 축제 마당을 마련하여 한국 문화를 전 세계인들에게 각인시키는 계기로 삼아야 한다. 문화는 역사와 함께 살아가는 숨결이자 삶의

대북 용고를 치는 필자(2000년)

총체적인 양식이다. 다양한 문화는 삶의 질을 높이고 풍요롭게 하는 한편 인류가 추구하는 평화공존을 위한 기반이 된다.

9·11 뉴욕 테러 사건 이후 전 세계는 폭력과 전쟁의 위협에 전전긍긍하고 있다. 우리가 서울올림픽에서 '벽을 넘어서'라는 주제로 사회주의 국가의 벽을 허물고 동서 화합을 이루었듯이, 분단과 전쟁의 피해 국가인 한국이 주도하여 2002년 월드컵 대회가 문명권 간의 갈등을 넘어서 세계 평화와 상생의 시대를 여는 데 이바지할 수 있도록 국제 학술 세미나와 세계 젊은이들의 평화 축제 마당을 만들어야 한다. 새 세기 초의 국제 대회를 계기로 스포츠 마케팅 분야를 키워 스포츠 산업을 육성하고 우리의 문화유산과 김치, 불고기, 온돌 등의 전통문화를 팔 수 있는 관광 기반을 구축하는 한편 도시, 주택, 도로, 간판 등을 정비하고 한국의 빛과 선을 살린 고품격의 문화적인 디자인을 살릴 수 있도록 중·장기적인 실천 계획도 세워야 할 것이다.

오늘날 전 세계는 인터넷으로 연결되어 있다. 한국을 홍보하는 일은 정부나 월드컵 조직위원회에만 의존한다고 될 일이 아니다. 네티즌 강국인 우리 국민 모두가 외교관이라는 자세로 자신의 전문성과 취미를 살려 우리의 역사와 문화·예술·스포츠·관광 등 여러 분야의 콘텐츠를 만들어 인터넷 사이버 스페이스에 올리는 캠페인을 벌이자. 서울올림픽 당시 우리 국민들의 단합된 열정과 힘은 폐막 직후 이어진 청문회 등의 국내 정치·사회적인 상황으로 인해 단절되고, 어렵게 일구어 낸 한국의 문화 이미지를 국가 발전 원동력으로 계승시키지 못한 것이 못내 아쉽다. 우리 정치권과 국민은 세계 최대 스포츠 제전인 월드컵 대회에서 경기 규칙을 존중하고 페어플레이를 하는 정신을 배워서 선진 문화시민으로 거듭나 서울올림픽 개최 이후처럼 우리 후손을 실망시키는 전철을 밟지 말아야 될 것이다.

–《조선일보》(2002.1.18)

월드컵
기념관

———————— ○

2002 월드컵은 우리 모두를 너무나 행복하게 했던 '한여름밤의 꿈'이었다. 온 국민은 붉은 악마가 되어 열광적으로 응원했고, 우리 선수들과 국민들은 그 누구도 예측하지 못했던 월드컵 4 강의 신화를 이룩하고 월드컵 역사상 가장 안전하고 성공적인 최고의 대회로 멋지게 치러 내었다. 그런데 월드컵 조직위원회는 갑자기 월드컵 4강 신화를 기념하기 위해 월드컵 대회 수익금 1,600여억 원 중에서 총 1,050억 원을 들여 대형 기념관을 새로 짓는 계획을 세우고 있다고 한다. 언론 보도에 의하면 이 기념관은 프랑스 파리 과학공원 내에 세워진 구형球形의 영화관 건물을 본뜬 것으로 되어 있는데 이 기념관 건립 사업이 적절한지에 대해 몇 가지 소견을 밝히고자 한다.

첫째, 나라 경제도 어려운데 월드컵을 기념하기 위해 1,000억 원이 넘는 막대한 예산을 쏟아부어 새로운 대형 기념관을 짓는 것이 과연 필요하고 타당성이 있는지를 우선 냉철히 따져 보아야 할 것이며, 이를 위해 국민의 여론을 수렴하는 과정이 꼭 필요하다고 생각한다. 필자는 서울월드컵 주경기장을 비롯, 온 국민의 응원 함성이 메아리쳤던 10개 경기장 그 자체가 이미 훌륭한 월드컵 기념물이라고 생각한다. 따라서 아름답고도 독창적인 디자인으로 세계인으로부터 찬사를 받은 상암동 주경기장의 실내 공간을 활용하여 각종 영상 기록물, 사진 자료, 태극전사들의 유니폼과 붉은 악마들의 응원 도구, 기념품, 국내외 보도 기사, 평가 보고서 등 각종 자료를 모아 알찬 내용물을 갖춘 월드컵 기념박물관을 만드는 것이 현실적인 대안이라고 생각한다. 온 국민과 함께 월드컵 신화를 창조한 월드컵 조직위원회가 기념관 건립 사업으로 대회 수익금을 낭비, 시민단체로부터 '밑 빠진 독상'을 받게 될까 걱정된다. 역대 월드컵 개최국에서 훌륭한 주경기장 시설을 놔두고 별도의 월드컵 기념관을 지은 사례는 찾아보기 어려운 사실도 지적하고 싶다.

둘째, 파리에 있는 둥근 구조물의 기존 영화관을 모방한 월드컵 기념관을 새로 짓는다는 발상은 국제적인 조롱거리가 되지 않을까 우려되기도 한다. '기념 건축물'은 그 시대, 그 나라의 예술적 독창성과 건축과학기술이 총체적으로 결집될 때 비로소 문화적 자산으로 남게 되는 것이다. 기존의 외국 구조물을 모방한 모작 건축물을 세우는 것은 월드컵 축제를 통해 전 세계에 심어 놓은 '문화한국' 이미지에 반하는 졸렬한 발상이 아닐까 두려워진다.

셋째, 온 국민의 성원과 땀의 결실인 1,600억 원의 월드컵 수익금이 밀실 협의에 의해 일방적으로 배분되는 것은 시대 착오적인 발상이라 아니할 수 없다. 월드컵 수익금의 효과적인 사용 방법은 시간 여유를 갖고 공청회, 인터넷 여론조사 등 국민의 폭넓은 의견 수렴 과정을 거쳐야 될 것이다. 옥상옥이 되기 쉬운 월드컵 기념관의 신축을 위해 1,050억 원을 써 버리는 것보다는 지방분권화의 취지를 살리기 위해서라도 낙후된 지방 도시의 문화 향수 기회의 확대와 체육 진흥을 위한 기금으로 적립해 월드컵 정신을 지속적으로 승화, 발전시키는 생산적인 방안을 모색해야 할 것이다. 월드컵 개최 10개 도시에 지역 문예·체육진흥기금의 확충을 위한 종잣돈으로 지원하고 유·소년 축구발전기금에도 일부 배정하는 방안이 바람직할 것으로 생각된다. 이와 더불어 서울에 있는 월드컵 주경기장의 기념박물관 외에 월드컵 개최 9개 도시에서도 월드컵 경기장의 옥내 공간을 활용하여 작지만 알찬 월드컵 기념박물관을 만들 것을 제안한다. 각 도시마다 월드컵의 관련 자료를 수집·전시하여 그날의 영광과 애국심을 되살리고 시민의 단합된 힘과 열정을 지역 발전의 원동력으로 삼아야 할 것이다. 월드컵 경기장이 시민의 사랑을 받는 스포츠·문화 공간이 될 뿐만 아니라 소중한 문화유산과 관광 자원이 될 수 있도록 획기적인 사후 보존 활용 방안이 마련되어야 할 것이다.

- 《매일신문》(2003.3.19)

소치올림픽
견문기

───── ○

맑은 공기와 아름다운 경관을 자랑하는 흑해의 휴양도시 소치
와 해발 2,500~3,500m 높이의 코카서스산맥 자락에서 열린 동
계올림픽이 성공리에 막을 내렸다. 러시아는 이번 올림픽을 통
해 푸시킨·톨스토이·도스토옙스
키 등 대문호, 차이콥스키·쇼스타
코비치 등 작곡가, 샤갈·칸딘스키
등 미술가, 마린스키와 볼쇼이 발
레단을 가진 문화 대국임을 전 세
계에 각인시켰다.

　뉴 러시아, 위대한 러시아,
열린 러시아의 재탄생을 만방에
알렸다. 강대한 제정 러시아를 건
설했던 표트르 대제 이후 4백 년
만에 푸틴 대통령과 러시아인의
꿈이 응축된 야심 찬 동계올림픽

상트페테르부르크 넵스키 사원 묘원의
도스토옙스키 묘지 앞에서 필자 부부(2016년 9월)

이었다.

　　금메달 3개, 동메달 1개를 러시아에 안겨 준 빅토르 안의 영웅 탄생도 지켜봤다. 뛰어난 인재를 품지 못하는 우리의 한계를 자성하면서 그의 선전을 응원하는 한국인의 성숙한 모습도 지켜볼 수 있었다. 불굴의 의지를 갖고 금메달보다 더 값진 은메달을 획득한 빙상의 여왕 김연아 선수를 위해 정부가 '김연아 빙상경기장'을 짓겠다는 흐뭇한 발표에 기뻤다. 안팎의 어려운 여건하에서도 금메달 3개, 은메달 3개, 동메달 2개로 종합 순위 13위의 쾌거를 이룬 우리의 선수단장 이하 선수, 코치 모두에게 격려의 박수를 보낸다. 겨울스포츠를 즐기는 인구가 우리의 수십 배에 이르는 일본이 종합 순위 17위에 그친 것에 비하면 대단한 성적이다.

　　이제는 2018 평창 동계올림픽의 성공을 위해 우리 모두

소치 동계올림픽경기장에서 김연아 선수와 함께(2014년 2월)

소치 동계올림픽 IBC 센터에서(2014년 2월)

의 정성과 힘을 모아야 할 때이다. 그런데 세 번 도전 끝에 전 국민이 합심해 유치한 평창 동계올림픽에 대한 정부와 기업, 국민의 관심과 열정이 벌써 식은 것이 아닌가 싶어 걱정스럽다.

손에 손잡고 88 서울 올림픽에서 동서 화합을 이루고 "대~한민국"을 외치면서 2002 월드컵을 성공시켰듯이 이제라도 온 국민의 마음을 다시 하나로 모아 평창올림픽 성공을 위한 횃불을 들어야 하지 않겠는가? 도로, 철도, 경기장 등에 대한 정부와 지자체의 시설 투자 못지않게 기업의 올림픽 스폰서 마케팅 참여가 중요한데, 아직도 국내 대기업들의 참여가 미진해 IOC조차 당혹해하고 있다고 한다. 이제라도 대회 유치 때의 초심을 되살려 우리나라 대기업들이 적극적인 마케팅 참여를 서둘러야 한다. 일본은 평창올림픽보다 2년 후에 열리는 2020 도쿄하계올림픽을 위해 도요타, 일본항공 등 여러 대기업들이 서로 다투어 스폰서 기업으로 참여하고 있어 우리와 대비된다.

동 대회의 성공을 위해 겨울스포츠의 경기력 향상이 시급하다. 정부와 기업, 체육회가 합심해 국내 선수들의 집중 지원과 함께 외국·동포 선수들의 초청이민도 적극 추진해야 할 것이다. 이와 함께 스포츠계의 개혁을 적극 추진하되, 교각살우 矯角殺牛의 우愚를 범하지 않기를 기대한다. 취약해진 우리의 스포츠 외교망과 역량을 대폭 강화하는 정부와 체육계의 대책도 시급하다.

국내외 최고의 연출가와 예술가를 초빙해 우리의 독특

한 문화와 역사를 탁월한 상상력과 연출력으로 세계에 알릴 수 있도록 열린 자세로 준비해야 한다. 한류, 한식, 설경, 의료, 쇼핑을 평창올림픽과 하나로 묶은 관광 스포츠 상품도 개발해 중국, 일본, 동남아시아와 아랍권의 관광객 수만 명을 유치해야 할 것이다.

2002 솔트레이크 동계올림픽 이후 2014 소치올림픽까지 눈이 내리지 않은 4개 동계올림픽으로 겨울스포츠 애호가들의 실망이 컸는데, 이번 소치올림픽 기간 중에 강원도에 폭설이 내려 4년 후 함박눈이 내리는 평창올림픽의 눈꽃 축제를 상상해도 될 듯해 가슴이 설렌다.

2018년 2월 9~25일 열리는 평창올림픽의 성공을 위해서는 지금부터 뛰어도 바쁘다. 스포츠는 국민들에게 큰 기쁨과 희망을 주고 국민을 하나로 통합시키는 놀라운 힘을 지니고 있다. 박근혜 정부는 국민의 마음과 힘을 모아 평창 동계올림픽을 성공시켜 한국을 문화 선진국으로 도약시키고, 평화통일의 기반을 다져야 할 것이다. 유종有終의 미美를 거둘 수 있는 천재일우千載一遇의 기회다.

–《서울大同窓會報》(서울대학교총동창회, 2014년 5월호, 제433호)

평창올림픽
랩소디

작년(2018년) 2월 개최된 평창 동계올림픽의 감흥이 아직도 생생하다. '하나 된 열정'이란 구호 아래 북한을 비롯한 92개국 2,900여 명의 선수가 하나가 된 지구촌 축제였다. 우리는 평창올림픽을 멋지게 치르고 마음껏 즐겼다. '평창올림픽 랩소디'를 부르자. 우리 모두 챔피언이다. 1988 서울올림픽은 올림픽 주경기장, 세계 4대 조각공원, 체조·수영·역도·핸드볼 경기장이 있는 올림픽공원, 서울평화상, '손에 손잡고' 올림픽 송 등 많은 문화유산을 남겼다. 이러한 올림픽 유산을 보존 전승하고 국민 체육 진흥을 위해 올림픽 잉여금 3,110억 원과 체육진흥재단에서 410억 원을 기금으로 출연하여 '서울올림픽기념국민체육진흥공단'이 설립됐다.

　　이제 평창올림픽은 어떤 문화유산을 남길 것인가? 세계 스포츠 스타들이 뛰고 뒹굴며 경기하던 시설은 그 자체가 올림픽 유산이다. 최근 존폐 논란이 일고 있는 알파인스키장, 아이스하키장, 빙상경기장, 슬라이딩 센터는 국민 스포츠와 관광시설로 활용하는 방안을 찾아야 한다. 향후 개최하게 될 전국 동계 체전, 동계 아시안게임, 세계 종목별 동계 대회 등을 위해서도 시설 폐기보다는 보존 방향으로 적극 검토해야 할 것이다. 필자가 평창올림픽 조직위원회 자문위원장으로서 재작년에 조직위에 제안했던 시詩와 꽃이 있는 '올림픽 꽃동산'을 조성하자. 예술을 입힌 꽃동산은 세계인들이 찾아오고 싶은 독특한 평창올림픽 문화유산이 될 것이다. 92개 참가국 올림픽위원회를 통해 각 나라의 시와 꽃씨를 확보해 알펜시아 잔디광장에 꽃동산을 만들자. 올림픽 정신에 어울리는 시를 각 나라 언어와 한국어로 표기한 자연석 '시비'도 세우자.

평창올림픽 유산의 보존 관리와 활용을 위해 '평창동계올림픽기념재단'의 설립을 건의한다. 평창올림픽 조직위는 소치 동계올림픽 개최비의 5분의 1 비용으로 대회를 성공적으로 치르고 알뜰한 경영으로 잉여금이 약 1,000억 원이 될 것으로 추정된다. 이 잉여금을 평창올림픽기념재단의 설립 기금으로 하자. 나아가 경륜, 경정, 스포츠토토 사업을 관리하는 서울올림픽기념국민체육진흥공단도 매년 조성되는 복권 수익금 약 1조 3,000억 원 중 일정액을 평창올림픽기념재단에 지속적으로 출연하도록 제도화하는 방안을 찾기 바란다. 물론 강원도와 정부도 이 재단 설립 기금 조성에 적극 참여해야 할 것이다.

- 《매일경제》(2019.1.5)

평창올림픽,
세계인의 가슴에 한국심韓國心을 심자

───────── ○

한 달 뒤인 2월 9일부터 25일까지 평창 동계올림픽이 열린다. 세 번 도전 끝에 유치한 평창올림픽 성공을 위해 성화聖火를 높이 들어야 한다. 2002 솔트레이크 동계올림픽 이후 2014 소치 동계올림픽까지 연속 4회 동계올림픽 기간에 눈이 내리지 않았다. 하지만 기상청은 평창올림픽이 열리는 올 2월 강원 산간 지역에 눈이 다소 많이 내릴 것이라고 예보했다. 함박눈이 펑펑 내리는 평창올림픽 눈꽃 축제에 세계인을 초대하자.

올림픽은 국민에게 큰 기쁨과 희망을 주고 국민을 하나로 통합하는 놀라운 힘을 지니고 있다. 동시에 정치적 파급력도 엄청난, 지구촌 수십억 명이 지켜보는 '지상 최대 TV 쇼'다. 서울올림픽 TV 중계를 통해 '한강의 기적'을 접한 소련과 동구권 국민은 한국의 경제 발전은 물론 격조 높은 문화를 보고 감탄했다. 이번 평창올림픽을 현장에서 중계하는 미국 주관 방송사 NBC 제작진만 2,400명에 이른다. 필자가 88 서울올림픽 조직위원회 외신지원단장으로 봉직할 때다. 올림픽 개회식에서 한국 관중은 자유분방하게 입장하는 미국 선수단에게 '우~' 하면서 야유를 보내고, 질서 정연하게 입장하는 소련 선수단에게 손뼉을 치면서 환호했다. 이 장면을 지켜본 미국 취재기자들이 당황하면서 동맹국 한국에 배신감을 느낀다고 말한 것이 새삼 떠오른다.

우리 국민은 국가 간 대항전에서 편파적 응원을 자제하는 문화시민의 응원 태도를 보여 주어야 한다. 올림픽 경기에서 반미, 반일, 반중, 반러의 편협한 응원 태도를 보이는 국민은 없으리라 기대한다. 감정보다 국익이 중요하다. 중국, 러시아뿐만 아니라 미국·일본 국민이 섭섭한 감정을 갖지 않게 하는 성숙한 시민 의식이 필요하다. 국적을 떠나 페어플레이를 하는

평창 동계올림픽 잠실 구간에서 성화를 봉송하는 필자(2018년 2월)

평창 동계올림픽 아이스하키 경기장에서(2018년 2월)

선수에게 큰 박수를 보내는 자세가 아름답다.

　　우리나라 선수단의 종합 순위 목표는 4위이다. 이는 올림픽 성패를 가늠하는 유일한 잣대는 아니다. 우리가 할 일은 종합 4위 집착보다는 감독과 선수를 믿고 평창 스키점프장, 정선 스키장, 강릉 빙상과 아이스하키 경기장을 자주 찾아 응원하는 것이다. 평창올림픽이 아니면 보기 어려운 피겨스케이팅 예브게니야 메드베데바, 스키 린지 본, 빙속 스벤 크라머르 등 세계적 겨울스포츠 스타를 만나러 가자. 응원단 규모가 작을 것으로 예상되는 동구권·북구권·동남아·아프리카·중동권 선수단을 지원하는 서포터 팀도 만들자. 참가국과 연고緣故가 있는 대학, 기업, 시민들로 구성된 '얼룩말', '검은 독수리', '녹색 전사', '붉은 사자' 등 응원단이 그들을 격려한다면 친구 나라 한국의 이미지를 심는 좋은 계기가 될 것이다.

2002 월드컵에서 한국과 터키 축구 팀 간 3·4위전이 열렸을 때다. 붉은 악마를 비롯한 한국 관중은 선전善戰하는 터키 축구 팀을 뜨겁게 응원하였다. 이 경기를 TV로 지켜보고 크게 감동받은 8,000만 터키 국민은 한국을 진정한 친구이자 형제국으로 여기게 됐다. 월드컵 개최 후 한국인 친선단 수십 명이 터키 지중해 도시 안탈리아를 찾아갔다. 해변의 호텔 주인은 한국민에게 감동을 받은 감사 표시라면서 한국 방문단에게 호텔 전체를 통째로 무상 제공한 에피소드도 있다. 최근 터키 수입차 시장에서 현대차 점유율이 1위에 오르고, 보스포루스해협의 제3대교와 해저터널 등 대규모 공사를 한국 기업이 연달아 시공했다. 그 배경에는 터키 국민의 친한親韓 성향이 도움이 된 게 분명하다.

평창올림픽에는 95개국 선수 6,500명이 참가할 것으로 예상된다. 외국 방문객도 10만 명에 가까울 것으로 기대한다. 한국인의 DNA에는 손님을 환대하는 유전자가 들어 있다고 한다. 귀한 손님을 위해 깊숙이 묻어 두었던 장독을 열고 정성 들여 빚어낸 '씨간장'을 밥상에 올리는 지극한 정성이 바로 '한국심韓國心'이다. 전 세계인의 가슴에 '한국심'을 심자.

－《조선일보》(2018.1.8)

서울올림픽 보도 지원 체계,
한국·한국인·한국문화 소개에 중점

──────── ○

제24회 서울올림픽을 취재한 보도진은 123개국의 인쇄매체 1,583개 사, 131개 방송국 등 총 1,706개 매체의 1만 5,732명(국내 5,326명, 국외 1만 406명)으로 최종 집계되었다. 이는 역대 올림픽 사상 최대의 보도진으로 LA올림픽 취재진(약 8,300명)의 약 2배에 달한다. 서울대회를 취재한 보도진은 스포츠 기자뿐만 아니라 정치·사회·문화부 기자가 상당수 포함된 것도 다른 대회와 비교되는 의미 있는 현상이라 하겠다.

서울올림픽 대회는 한국·한국인·한국 문화의 긍정적 이미지를 자연스럽게 투영·정착시킬 수 있는 가장 좋은 기회로 생각, 전 세계·보도진에게 최선의 취재 지원을 할 수 있는 기획홍보·보도 체제를 구축하는 데 그 중점을 두었다. 또한 가장 원만하고 훌륭한 대회 개최와 평화 축전 분위기의 조성을 위해서는 크고 추상적인 메시지보다는 세계의 관심도가 높은 실질적인 정보와 뉴스를 신속하게 전달하는 한편 올림픽 안전에 대한 의혹을 없애고 각종 돌발 상황의 처리를 위해 외국인들에게

서울올림픽 폐막식에서 안토니오 사마란치 IOC 위원장과 악수하는 필자(1988년 10월)

부정적으로 평가되는 점을 논리적으로 대처하는 데도 관심을 기울였다. 보도 지원 업무 수행을 위해 보도본부는 본부장을 중심으로 3단장(보도운영단, 외신지원단, 내신지원단), 7차장 16부장 43담당관실 1,269명의 운영 요원으로 구성된 지원 체제로 1988년 9월 3일부터 10월 5일까지 메인프레스센터MPC를 운영했다. 우리나라 여건상, 적정한 수준의 취재 지원을 위한 핵심적인 문제는 원활한 언어 소통, 홍보 보도 전문가에 의한 서비스에 있다고 보았다.

이러한 맥락에서 첫째로 보도 분야에 오랜 경험이 있는 전·현직 공보관, 전직 언론인 29명을 외신지원단 보도위원으로 위촉하여 MPC 개소 기간 중 봉사토록 하여 전문성을 제고시켰으며, 둘째로 원활한 의사소통을 위하여 여러 나라 국어를 자유롭게 구사하는 외국인 홍보 전문가 10명, 동시통역사 46명을 비롯하여 약 200여 명의 언어 지원 인력을 확보했다. 셋째로 뉴스성 있는 기자회견, 인터뷰 등을 비롯한 보도 프로그램을 개발하고 정확한 정보의 신속한 전달과 최선의 취재 편의를 제공토록 노력했다. 넷째로 외교협회, 해외공보관, 관광회사, 대기업 등의 협조를 얻어 한국 가정 방문, 문화 시찰, 산업 시찰, 판문점 시찰, 경기장 시찰 등의 '한국 문화 이해 증진 프로그램'을 마련했으며, 다섯째로 서울올림픽 보도 지원 체제는 '공급자' 위주가 아니라 '수요자', 즉 내외신 취재진의 취재 편의라는 기본 바탕 위에서 운영되도록 최선을 다했다.

주요 보도 지원 프로그램

보도진의 각종 문의 사항과 불만·애로 사항을 처리하기 위해 공동 기사 작성실에 8개 데스크 30명의 내외국인으로 구성된 보도정보센터를 매일 상오 8시~밤 12시까지 2교대로 운영하여 MPC 운영 기간 중 8,167건의 문의 사항을 처리하였다. 이 센터는 역대 올림픽 사상 가장 광범위한 11개국의 언어 서비스(영어, 프랑스어, 독일어, 스페인어, 러시아어, 아랍어, 중국어, 일본어, 포르투갈어, 폴란드어, 한국어 등)로 보도진의 각종 문의에 대해 확인·답변해 주는 한편 보도 정보를 제공하고 보도 문제에 대한 해결을 해 준 최초의 본격적인 시도였다. 또한 이들의 건의·지적 사항과 불만·애로 사항을 수렴, 해당 부서에 통보하여 시정·개선토록 함으로써 보도진의 불만 축적을 사전 예방한 완충적 기능을 하는 한편 보도진이 가장 많이 찾아와 실질적인 도움을 받는 '보도진의 민원 창구'의 역할도 수행했다.

올림픽을 취재하는 MPC 내의 내외신 기자들에게 AP, UPI, 로이터, AFP, 타스통신, 신화사, 공동통신, 연합통신 등 8개 통신사의 뉴스를 제공했다. 이는 역대 올림픽 중 동서의 주요 통신을 망라한 능동적인 뉴스 서비스였는데, 공동 기사 작성실에 설치된 8대 통신 기사 게시판 앞에는 평균 4~5명, 많을 경우 10여 명의 내외신 기자들이 항시 모여 각 통신 기사를 열독하고 필요한 기사에 대해서는 복사를 하는 등 인기 있는 서비스 중의 하나였다. 특히 수개월에 걸친 양 통신사와의 협의 끝에 국내 최초로 설치되어 제공된 타스통신, 신화사의 뉴스 서비스에 대해서는 많은 내외신 기자들이 비상한 관심을 보였다.

아울러 주요 기사에 대해서는 '일일 외신 논조'를 이슈별로 제작·배포하여 대회 운영의 개선 자료로 활용토록 하는 한편 수시로 입전되는 주요 외신을 대회본부 및 유관 부서에 송부하여 참여토록 했다. MPC에서는 뉴스성 있는 회견과 인터뷰의 주선에 주력하여 매트 비온디, 칼 루이스, 벤 존슨, 나임 쉴레이마노올루, 그리피스 조이너를 비롯한 유명 선수, IOC 유치단 등 55회의 기자회견(SPBC 회견 386회 별도 실시)과 219건의 인터뷰를 주선했으며 19회에 걸친 일일 정례 브리핑을 실시하였다. 특히 MPC 회견의 경우 한국어, 영어, 프랑스어, 독일어, 스페인어, 러시아어 등 6개 국어로 통역돼 국제 수준의 동시통역이라는 호의적인 반응을 얻었다. MPC가 문을 연 이래 397건의 뉴스 릴리스를 영어, 프랑스어, 한국어로 제작·제공했으며 홍보 간행물은 35개 단체가 발행한 53종 약 20만 부를 배포했다. 참고로 가장 인기 있던 홍보 자료는 올림픽 조직위원회에서 발행한 〈Press Kit·경기 일정〉, 문공부에서 발행한 〈Facts about Korea〉, 서울시 발행의 〈Seoul 1988〉 등이었다.

특별 보도 대책반 운영

보도위원 10명과 언어 자원봉사자 등 운영 요원 25명으로 구성된 미주반, 서구반, 동구반, 아시아·아프리카반, 서반아어지역반 등 5개 지역반을 운영했다. 이 대책반은 세계 보도진의 여론을 청취하여 필요한 보도 정보와 취재 편의를 제공하고 각종 애로 사항을 수렴, 해결해 주었으며 각 지역반장은 일일 상황 회의에도 참석해 효율적인 보도 지원 대책을 수립하는 데 참여했다. 또한 수백 회의 오찬 간담회를 통해 서울올림픽과 한국 실정에 대한 배경 설명회를 가져 이해 기반을 넓히는 데 크게 도움이 되었다.

내외국인 보도위원 4명과 운영위원 16명으로 구성된 상황처리반은 복싱 경기장 소란 사건 등 돌발적인 보도 상황에 신속하고 슬기롭게 대응함으로써 가장 아름답고 원만한 대회라는 긍정적 평가가 도출될 수 있도록 노력했다. 주요 경기장 및 행사장 10개소, 예를 들면 선수촌, 공항, IBC, 육상·수영·체조·테니스·탁구·복싱·승마 경기장 등에 보도위원 11명과 언어 자원봉사자 22명을 상주토록 하여 주요 경기의 보도 운영을 지원·자문해 주는 한편 주요 보도 상황을 처리토록 했다. 이들은 SPBCSub Press Broadcasting Center의 운영에 있어 전문가적 측면에서 큰 도움을 준 것으로 판단된다.

대회 기간 중 주요 경기나 결승전이 있는 경기장에 내외국인 보도위원으로 구성된 5개 기동반을 수시로 파견하여 기자회견의 순조로운 진행과 취재 활동의 지원 업무를 수행했다. 특히 육상경기장에 2,000~4,000여 명의 보도진이 몰려든 어려운 상황에서 임시 회견장을 마련, 회견 진행 등 응급 보도 지원에 결정적 역할을 한 것으로 나타났다.

한국 문화 이해 증진 프로그램

한국인의 생활문화를 알 수 있는 기회를 주기 위하여 전직 대사·명예 영사·민간 협회 대표의 가정에 외신 기자를 9회에 걸쳐 39명을 초청, 만찬을 갖도록 주선했다. 이 프로그램에는 미국·소련·중국·헝가리·타이완·영국·프랑스·오스트레일리아·캐나다의 기자단이 참여, 올림픽 보도의 바탕이 되는 한국 전통문화를 이해하는 매우 좋은 계기가 되었다. 아울러 전 세계 보도진을 위한 '한국의 날(9.15)', '세계 언론인의 밤' 등이 개최되었다. 올림픽 가족과 함께 민속촌, 경복궁, 국립박물관, 이천 도요지, 한국의 집 등을 4회에 걸쳐 돌아보는 문화 시찰을 주선했으며 문공부와 국제관광공사의 협조를 얻어 문화 예술 축전 행사의 관람과 약 1만 2,000건의 관광·쇼핑 안내를 해 주었다.

해외공보관의 주관하에 9월 12일에서 10월 7일까지 33회에 걸친 판문점 시찰이 주선되었는데 1,200명의 각국 보도진이 참여해 한반도가 겪고 있는 분단의 현실을 이해하는 데 도움이 되었다. 기자촌에 투숙하고 있는 보도진을 위해 삼성전자, 금성사, 기아산업, 진도, OB맥주, 태평양화학을 방문할 수 있는 산업 시찰을 주선, 9월 8일에서 9월 30일까지 1,179명의 보도진이 참여했다. 특히 소련·중국·동독 등의 미수교국, 제3세계 국가의 언론인들이 한국의 산업 발전의 수준을 직접 눈으로 확인하고 업계의 판촉에도 기여했다.

가장 훌륭했던 대회로 평가

제24회 서울올림픽은 올림픽 사상 양과 질의 면에서 가장 훌륭했던 대회로 전 세계는 평가하고 있다. 이러한 성공적인 올림픽 개최는 전 국민의 희생적인 성원과 참여, 정부의 완벽한 지원과 안전 관리, 동서의 화해 무드 등 많은 요인들에 의해 가능했던 것으로 생각된다.

그러나 무엇보다도 서울대회를 성공으로 이끌 수 있었던 것은 이번 대회를 어떻게 효과적으로 전 세계 50억 인에게 전

달하느냐는 대내외 홍보 전략 및 보도 지원 업무의 성공에 결정적인 힘을 얻었다고 판단된다. 많은 외신 기자들은 다른 대회와 비교할 때 서울올림픽의 보도 운영에 대해 매우 만족한다면서 운영위원의 친절한 협조 자세, 한국 언론인의 적극적인 협력, 분야별 전문 인력에 의한 취재 지원과 다양한 한국 문화 이해 증진 프로그램 등이 돋보였다는 반응을 보였다.

또한 AP, UPI, AFP, 로이터, 타스통신, 신화사, 《더타임스》, 《뉴욕타임스》, 《워싱턴포스트》, 《르몽드》, 《프라우다》를 비롯한 세계 권위 매체들이 서울올림픽을 '금메달을 딴 서울올림픽', '올림픽 정신이 구현된 사상 최대·최상의 대회', '서울올림픽의 최대 승리자는 한국과 한국민', '한국의 전통문화와 한국민의 저력이 돋보인 대회', '많은 우려를 한낱 기우로 바꾼 동서 화해의 광장 마련' 등이라고 평가를 내린 것은 매우 귀중한 홍보 성과로서 우리나라가 '세계 속의 한국'으로 발돋움하는 데 큰 도움이 될 것이다.

유관 부서로부터 보도 부서로의 정보의 흐름이 보다 신속·원활할 수 있게 하는 제도적 장치가 보완되고 경기운영시스템 GIONS과 종합정보망시스템WINS에 입력되는 각 선수의 프로필, 역대 경기 비교 자료 등 정보의 질을 향상시키는 한편 자원봉사자를 비롯한 운영 요원의 직무 교육이 '더 오래', '더 깊게' 이루어졌으면 하는 아쉬움이 있었다.

아울러 경기 및 수송 일정, MPC 내 안내 정보 등을 수록한 종합적인 취재 안내서가 조기에 발행되고 행사 본부의 조직·기능도 보다 단순·명확화할 필요성이 있다고 보았다. 또한 MPC 개소 초기에 일부 시설 공사, 정보의 흐름, 후생시설 이용 가격 등에 내해 일부 불만이 제기되었다.

– 《월간 신문과 방송》(한국언론연구원, 1988년 11월호)

캘거리 동계올림픽의 서울올림픽 홍보관에서 박세직 위원장, 자원봉사자와 필자(1988년 2월)

안토니오 사마란치 IOC 위원장, 서울올림픽 조직위원회 박세직 위원장, 김운용 IOC 위원 등 간부 일동(1988년 10월)

제3부

다문화가족 눈물이
무지개로 피어나는 순간

안산시 다문화가족지원센터 이주 여성들의 통기타 중창단, 웅진재단 지원(2009년)

'다문화 방송'
왜 하느냐 하면

──────── ○

지금 우리나라 농어촌 총각의 41%가 외국 여성과 결혼하고 다문화가정이 20만 가구에 달한다. 해가 갈수록 이주 외국인 노동자는 급증해 한국에 살고 있는 외국인은 이미 100만 명을 훨씬 넘어섰다. 많은 외국인이 단일민족의 동질성과 민족문화에 대한 자긍심이 유난히 강한 우리 사회에 정착해 살아가면서 겪는 갈등과 어려움이 제대로 알려지기 시작한 것은 불과 몇 년 사이의 일이다. 특히 언어 소통의 어려움, 사회문화적 고립과 편견, 가정 폭력, 열악한 자녀 교육, 취약한 보건 의료 서비스 등으로 사회문화적 충격과 갈등은 갈수록 심각해져 우리 사회가 풀어 나가야 할 중대한 과제로 등장했다.

지난 3월 설립된 웅진재단은 이 같은 문제의 심각성을 토대로 우리 사회의 새로운 소외 계층이 되어 가는 다문화가정과 외국인 노동자들을 위해 첫 번째 사회문화 복지 사업으로 다문화가족 음악방송을 추진 중이다. 이 방송은 외국 이주민들을 문화적으로 따뜻하게 보듬고 이들이 우리 사회의 한 축을 담당하는 건강한 공동체 구성원이 될 수 있도록 돕는 촉매 역할을 할 것이다. 다문화가족 음악방송은 웅진재단이 ㈜디지털스카이넷과 제휴해 '디지털 라디오 KISS'의 한 채널을 공동 운영하는 방식이다. 이 방송은 스카이라이프 오디오 방송 채널 855와 케이블 오디오 방송 채널 313으로 오는 8월부터 매일 24시간 방송된다. 1단계로 올해는 국내 거주 이주민이 많은 중국, 베트남, 필리핀, 태국 4개 국어, 2단계로 내년 중 일본, 몽골, 러시아 · 우즈베키스탄, 아랍권 4개 국어 방송을 추가할 예정이다.

해당 8개국 원어민 앵커가 각각 자국 언어와 한국어로 동시에 진행할 이 방송의 '음악과 교양 프로그램'은 그들 나라

다문화 음악방송 8개 언어권 DJ들. 앞줄 왼쪽부터 러시아 · 몽골 · 중국 · 필리핀 · 태국 · 베트남 · 아랍 · 일본어 방송 진행자. 뒷줄 왼쪽부터 디지털스카이넷(KISS) 김충현 사장, 주한 태국대사 씽텅 랍피셋판, 주한 필리핀대사 라울 에르난데스, 필자, 주한 베트남대사 응우옌 부 뚜, 김도한 서울대 수학과 교수

의 음악, 시, 수필 등을 소개하여 다문화가족의 문화적 정체성
과 자긍심을 높이면서 한국의 언어와 전통문화 예절도 배울 수
있게 편성된다. '생활 정보 프로그램'은 임신, 출산, 육아, 보건
의료, 자녀 교육, 응급 안내, 가정·법률 상담, 취업 정보 등 한
국 생활 적응과 자조·자립 의지를 키우는 데 도움이 되도록
구성된다. 원어민 앵커가 해당국 음악과 문화를 소개하는 방송
은 국내에서 처음 시도되는 어려운 사업이다.

　　하지만 우리 사회가 본격적인 다문화·다인종 세계화 시
대로 진입한 시점이라 오히려 뒤늦은 감이 없지 않다. 웅진재
단은 이 방송이 외국 이주민들에 대한 이해와 인식을 높이고
나아가 우리 국민이 외국인과 외국 문화에 대해 열린 마음을

다문화 음악방송 진행자 DJ

갖는 데 도움을 주고 우리 방송의 세계화에도 도움이 되기를 기대하고 있다. 또한 다문화가정 자녀들의 문화적 다양성을 고양, 발전시키고 그들이 이중 언어 능력을 살려 글로벌 시대에 한국의 미래 인적자원으로 자부심을 갖고 커 가기를 기대하고 있기도 하다.

이런 계획에 대해 서울에 주재하는 해당국 대사들은 한결같이 환영과 감사의 뜻을 표하면서 방송 자료와 앵커 추천은 물론 한국 내 자국 커뮤니티에 널리 알려 적극 청취하고 활용토록 하겠다고 밝혔다. 그리고 이 방송의 출범이 한국민들의 뛰어난 사회문제 해결 능력을 다시 한 번 보여 주는 것이라고 평가했다. 다문화가족 음악방송이 앞으로 국내 거주 결혼이민자, 이주노동자, 외국인 유학생 등이 겪고 있는 사회문화적 갈등을 완화하고 상처를 치유하는 등 우리 사회의 화해와 통합을 지향하는 소통자 겸 문화 도우미가 되기를 간절히 바란다.

- 《국민일보》(2008.5.23)

눈물이
무지개로 피어나는 순간

───────── ○

한민족은 단일민족인가. DNA 유전자 분석에 의하면 한민족은 북방계 약 70%, 남방계 약 30%가 섞인 혼혈 민족이라고 한다. 생물학적 의미보다 언어 동질성, 문화 정체성이 중요한 시대다. 우리나라는 약 230만 명의 외국 이주민이 살고 있는 다민족 사회로 진입하고 있다. 낯선 문화, 서툰 한국말로 외로움과 소외감을 느끼는 결혼이민자, 이주노동자, 유학생이 많다. 웅진재단이 지난 10년간 이들의 향수를 달래고 생활에 활력을 주는 문화 복지 프로그램을 지원하면서 필자가 만난 다문화가족의 '삶과 꿈' 이야기다.

　　다문화가족 음악방송 러시아어 DJ 마리아 민키나 양은 1897년 세계 최초로 한국어과가 개설된 상트페테르부르크대학교 졸업생이다. 그녀는 고국 러시아의 문화 전통에 대한 자부심이 대단하다. 나폴레옹군과 벌인 전쟁에서 숨진 러시아 병사들은 알렉산드르 푸시킨의 시집을 가슴 속 깊이 품고 있었다고 한다. 그녀는 가끔 러시아어권 16개국 이주민들에게 러시아

웅진재단과 함께하는 동대문구 다문화 어머니 합창단 '행복메아리' 청와대 공연 후(2010년)

어로 푸시킨의 시 한 수를 암송해 주곤 한다. "예슬리 쥐즌 찌바 압마닛, 니 삐찰샤 니 세르지스! 젠 우느니야 스미리스, 젠 비쎌랴 베르 나스타닛(삶이 그대를 속일지라도 슬퍼하거나 노여워하지 말라! 슬픔의 날을 참고 견디면 기쁜 날이 오고야 말리니)."

순천의 '짱뚱이와 두루미' 다문화 어린이 합창단은 전국 합창대회에서 '흥부와 놀부'를 불러 은메달을 획득한 이 지역의 보배다. 베트남 결혼이민자 자녀 브이티후엔 양은 이 합창단의 꽃이다. 그녀는 출중한 노래와 춤 실력으로 한국 최고의 팝 가수를 꿈꾸고 있다. 한국 어린이와 함께 합창단 활동을 하면서 자연스럽게 어울리는 모습이 아름다웠다.

서울 다문화 어린이 연극단 '어울마당'의 방수아 자매는

〈혹부리 영감〉 공연 주역을 맡아 경희대 크라운관에서 큰 박수를 받았다. 필리핀 이민자 어머니는 공연 연습 시 한글을 잘 읽지 못해 얼굴이 빨갛게 달아오르던 아이들이 연극을 하면서 한국말도 늘고 사회성이 좋아졌다면서 고맙다는 인사를 전해 왔다. 연극 활동으로 자존감이 높아진 자매는 당당한 한국인으로 성장하고 있다.

화순전남대병원과 다문화 주부를 위한 '의료 코디네이터' 교육 프로그램을 운영했다. 몽골 출신 볼로르마 씨는 의료 코디네이터 역할과 국내외 의료보험의 차이점 등 많은 것을 배웠다. 새로운 세상을 경험하고 전남대병원에 취업의 길을 열어주어 고맙다고 했다. 흰 가운을 입은 그녀를 병원에서 만났을 때 행복해 보였다. 칭기즈칸의 후예인 그녀를 위해 남편과 시부모가 초이질 치미드의 시 한 수를 몽골어로 읊을 수 있다면 훨씬 더 행복한 다문화가정이 되지 않을까. "알랄일 오타 보르갈산, 말치니 게르트 더르선 빌레! 아타르 해르 놀가, 얼기 민 게츠 벗덕! 엔 후문 몽골 훈(소똥 연기 소용돌이치는 유목민 게르에서 태어났다. 나는 거친 들판 초원 고향을 나의 요람이라고 여긴다. 이 사람은 몽골 사람)."

안산시 '통기타 중창단'의 베트남 주부 김미진 씨는 중국·베트남·일본에서 온 결혼이민자들과 어울려 기타를 치며 노래할 수 있어 행복하다고 했다. 일산 예술의전당에서 한복을 곱게 차려입고 '진도아리랑'을 부르며 마지막으로 각 나라 전통 의상을 입은 채 각 나라말로 '당신은 사랑받기 위해 태어난 사람'을 불렀을 때 그녀는 가족과 이웃에게서 사랑받고 있다는 감동을 느꼈다고 한다. 눈물이 무지개로 피어나는 순간이다.

다문화가족과 독자 여러분께 8개 언어로 '사랑한다'는 마음을 전한다.

워 아이 니(중국), 또이 이예 깍반(베트남), 마할 키타(필리핀), 찬락쿤(태국), 아이시테 이마스(일본), 참트 헤르테(몽골), 아나 우헵부콤(아랍), 야 바스 류불루(러시아).

- 《매일경제》(2020.3.28)

어미 새는
울지 않는다

청포도가 익어 가는 계절 7월에도 코로나19는 기승을 부리고 있다. 코로나 시대는 인류에게 인내심과 기다림, 겸허함과 사회적 연대를 요구하고 있다. 이 환난의 뒤안길에서 2,000개 희귀 난치 질환을 앓는 50만 명의 환아 가족이 고통받고 있으나 이들에 대한 사회적 관심이 소홀해지는 것 같아 안타깝다. 유전성이거나 현대 의학 발전에도 근본 치료가 어려운 희귀 질환 환아 가족의 삶과 눈물 이야기다. 웅진재단은 12년 전부터 환아들이 스스로 자기 질환을 알고 관리할 수 있는 시범 프로그램을 운영하고 있다.

　　대한유전성학회와 함께 전문의와 환자들이 대화하는 형식의 '희귀 난치성 질환 만화책'을 제작·배포하고 재단 홈페이지(www.wjf.kr) 자료실에도 올려 놓았다. 터너증후군, 다운증후군, 미토콘드리아질환 등 만화책 24종과 핸드북 6종은 질환의 증상, 약의 섭취와 자기 관리 방법 등을 알기 쉽게 설명하고 있는데 그동안 연 6만 명이 활용했다. 최예니 어머니는 첫아이가 태어났을 때 실시한 선천성 대사이상 검사에서 호모시스틴뇨증으로 진단받았다. 병명도 생소하지만 37만 명 중 1명이라니 말 그대로 희귀 질환이었다. 아기 때부터 "안 돼, 의사 선생님이 먹지 말래." 하며 음식 단속하기에 바쁘고 설명하기 어려운 질병을 만화책을 통해 아이가 스스로 이해하고 관리해 나갈 희망이 생겼다고 기뻐했다. 미얀마 양곤 소아병원의 아이 닌규 박사는 소아당뇨병, 갈락토스혈증 등 영문판 만화책이 환아와 의료인에게 정확한 지식과 정보를 주고 질환의 부작용을 예방할 수 있어 미얀마에서도 활용하고 있다고 전해 왔다.

질환 특성상 짧은 시간의 의사 진료만으로 희귀 난치성 질환 환아와 보호자의 궁금증을 풀어 주는 것은 현실적으로 어렵다. 이를 돕기 위해 순천향대 의대, 인제대 백병원과 함께 희귀병 환아 30여 가족을 초청해 1박 2일 '진료교육캠프'를 여섯 차례 개최했다. 이들은 10여 명의 전문의 강의와 진료를 통해 새로운 지식을 얻고 같은 질환 환아 가족 커뮤니티도 구성했다. 프래더윌리증후군 가족 캠프에 참가한 이정아 어머니는 아이가 끝도 없이 음식을 먹으려고 해 냉장고에 자물쇠를 채우고 그 앞에서 잠을 자기도 한다고 했다. 캠프에서 정아가 의사 선생님 강의를 듣고 영상물도 보면서 자기 질환을 알고 관리하는 희망을 갖게 됐다고 했다. 아미노산 대사 질환 가족 캠프에 참가한 김민성 모친은 정보 공유 차원을 넘어 아이들에게 꿈과 희망을 주는 소중한 캠프였다고 했다.

재단은 2008년 한국모자보건학회 이동환 교수 팀과 함께 선천적으로 음식물을 분해하는 효소가 부족한 유전성 대사 이상 질환 환아를 위해 '웹 기반 자동 식단' 프로그램을 한국 최초로 개발했다. 발생 빈도가 높은 페닐케톤뇨증, 타이로신혈증, 단풍뇨증, 이소발레르산혈증, 메틸말론산혈증 등 10개 대사 이상 질환 환아를 위해 음식별 영양소 데이터베이스DB 및 식품 아미노산 함량이 계산돼 있다. 자동 식단 개발 전에는 환아를 위해 가족이 각 식재료 내 피해야 할 성분 하루 허용치를 직접 계산해서 식단을 짜야 했다. 전문가도 쉽지 않은 번거로운 과정이었다. 이 프로그램은 2009년 초부터 재단 웹사이트에 등재돼 환아 가족 14만 명이 이용했다. 권 모 군 어머니는 처음 아이의 병명을 듣고 막막했으나 이 프로그램이 가족 모두에게 새 길을 열어 줘 고맙다고 했다.

　　희귀 난치성 질환 환아와 그 가족은 평생 질환 관리뿐 아니라 시간이 갈수록 경제적 기반이 무너지고 정신적 문제까지 발생할 수 있는 다중적 고통을 받고 있다. 그러나 환아 어머니 중에 천사 같은 분을 많이 만나 감동을 받았다. "아가야 아파? 너 대신 내가 아플 수 있으면 좋으련만." 엄마의 마음이다. 높이 나는 새는 울어도 눈물을 보이지 않는다. 슬픔도 기쁨도 외로움도 함께하는 인생 동반자인 '라피크Rafik'에게 경의를 표한다. 이들에게 따뜻한 관심과 손길이 필요하다.

-《매일경제》(2020.7.18)

남몰래 짓는
눈물

——————— ○

희귀병에 걸린 아들 로렌조를 위해 분투하는 부모의 이야기 〈로렌조 오일〉이란 영화가 있었다. 우리나라에도 이러한 2,000여 개 희귀 난치성 질환 환자 50만 명이 있다. 이들 중 유전성 대사 이상 질환은 선천적으로 음식물을 분해하는 효소가 부족해 아무 음식이나 먹을 수 없는 희귀 질환이다. 그동안 특별한 식사 요법이 필요한 대사 질환 어린이 환자와 그 가족은 이 질환의 희소성으로 체계화된 관리 프로그램이 없어 가정 내에서는 물론 외부에서의 식생활과 질병 관리에 큰 어려움을 겪어 왔다.

웅진재단은 이 질환 중 발생 빈도가 높은 페닐케톤뇨증, 타이로신혈증, 단풍당뇨증, 이소발레릴산혈증, 호모시스틴뇨증, 고메티오닌혈증, 글루타린산뇨증, 프로피온산혈증, 메틸말론산혈증, 요소회로계 질환 등 10개 대사성 이상 질환에 대해 자동 식단을 우선 개발하기로 했다.

재단은 한국모자보건학회 이동환 교수 팀과 함께 2008년 6개월간 유전성 대사이상 질환 환아를 위해 웹 기반 자동 식단 프로그램을 한국 최초로 개발했다. 이 프로그램에는 유전성 대사이상 환아를 위한 기초 식단과 음식별 영양소 데이터베이스DB 및 식품 아미노산 함량이 계산돼 있다. 이 자동 식단 프로그램은 2009년 2월부터 한국선천성대사질환협회, 순천향대학교병원, 웅진재단 웹사이트(www.wjf.kr)에 등재해 환아 가족이 쉽게 이용하도록 하고 있다.

지난 10년간 재단 사이트를 방문해 이를 이용한 환아 가족이 연 14만 명에 이른다. 이들 가족이 언제 어디서라도 이 프로그램을 통해 안전한 세끼 식사뿐만 아니라 자기 질환을 스스로 관리하는 데에도 자신감을 갖게 됐다. 오 모 군 어머니와 몽골 출신 권 모 양 어머니는 처음 아이의 병명을 듣고 막막했으나 '이 프로그램이 가족 모두에게 새 길을 열어 주어 고맙다.'는 말을 전해 왔다.

희귀 난치성 질환으로 고통받는 어린이 환자와 그 가족은 평생 질환 관리뿐 아니라 시간이 갈수록 가정의 경제적 기반이 무너지고 정신적 문제까지 발생할 수 있는 다중적 고통을 겪고 있다. 이웃에서 남몰래 눈물짓는 희귀 질환 환아 가족이 있다. 이들이 희망과 용기를 잃지 않고 꿋꿋하게 살아 갈 수 있도록 우리 사회의 따뜻한 손길이 필요하다.

- 《매일경제》(2019.1.22)

깜언!
살라맛 포!

———————— ○

필자는 1980년대 초 3년간 사우디아라비아에서 근무했다. 당시 수십만 명의 한국 노동자들이 열사의 땅 중동 건설 현장에서 피땀 흘려 일하고 있었다. 이들이 폭염 속에서도 유일한 낙으로 우리나라 대중가요를 들으며 가족과 나라를 위해 신바람 나게 일하는 모습에 감동받곤 했다.

현재 우리나라에는 결혼이민자, 외국인 노동자, 유학생 등 250만 명이 살고 있다. 웅진재단은 2008년부터 이들에게 고국의 노래로 문화적 향수를 달래 주고 고국의 말로 보건 의료, 교육, 법률, 취업 등 한국 생활 정보를 제공하는 다문화 음악방송을 내보내고 있다. 중국·일본·베트남·필리핀·태국·몽골·아랍·러시아 출신 원어민 앵커 8명이 인터넷, 스카이라이프, 케이블 TV, 스마트폰 등 6개 미디어 22개 채널로 하루 24시간 방송하고 있다. 음악은 삶을 풍요롭게 해 주는 생명력이 긴 예술이다. 이 방송은 음악의 힘으로 이해의 다리를 놓고 외롭고 소외된 분들을 보듬는 열린 사회, 아름다운 세상을 열어 가는 문화 도우미가 되려고 노력하고 있다.

재단 홈페이지(www.wif.kr)에 7개 언어와 한국어로 8분짜리 '엄마 나라 전래동화' 애니메이션 160편도 올려 놓았다. 중국의 〈노란 용과 검은 용〉, 일본의 〈엄지 동자〉, 몽골의 〈초오트의 흰 암말〉, 아랍의 〈신드바드의 모험〉, 베트남의 〈황금 거북이〉, 필리핀의 〈두 나무꾼과 요정〉, 태국의 〈열두 자매 이야기〉 등 여러 나라의 전래동화를 만날 수 있다.

이 동화 애니메이션은 다문화가정 자녀들이 엄마 나라 문화와 언어를 알게 하기 위해 제작된 것으로 그동안 30만 명이 시청한 것으로 집계된다. 결혼이민자의 자녀와 배우자, 시부모나 처부모가 이민자의 언어와 문화를 배우고 존중하는 상호 문화주의가 필요하다. 베트남에서 시집온 결혼이민 여성의 생일에 한국인 시댁 가족이 '아잉 낭 꾸어 아잉(나의 태양)' 베트남 연가를 불러 주는 아름다운 가정을 그려 본다.

그룹 경영이 어려울 때도 중단 없이 지원해 준 윤석금 회장의 '또또사랑'이 다문화 음악방송 10년의 버팀목이 됐다. 이 방송 시청자들 사랑에 8개 언어로 "고맙다"는 인사를 전하고 싶다.

깜언(베트남어), 살라맛 포(필리핀어), 바야를라(몽골어), 컵쿤캅(태국어), 슈크란(아랍어), 셰셰(중국어), 아리가토 고자이마스(일본어), 스파시바(러시아어).

- 《매일경제》(2019.2.11)

방치된
그림자 아이들

——————— ○

우리나라에는 학교에도 병원에도 갈 수 없는 '그림자 아이'들이 있다. 한국에서 태어났으나 출생신고조차 못해 서류상으로 존재하지 않는 그림자 아이들이 약 2만 명으로 추정된다. 한국 말을 하지만 숨어 지내는 아동들이다. 우리나라는 속인주의 원칙에 따라 부모 중 한 명이라도 한국 국적을 가져야 그 자녀가 국적을 취득할 수 있으나, 이들은 부모 모두 외국인으로 미등록 상태이거나 합법적 체류 기간이 만료되어 한국 국적을 취득할 수 없는 불법체류자의 자녀들이다.

1990년대 이후 우리나라의 출산율이 급감하고 인건비가 높아지면서 3D 업종을 중심으로 외국인 노동자에 대한 수요가 늘어나 61만 명의 외국인 근로자가 있으며 불법체류자도 21만 명에 달한다. 불법체류자의 아이로 이 땅에 태어난 새 생명들은 아무런 죄가 없다. 한국은 1991년에 비준한 '유엔아동권리협약'을 준수해야 할 의무가 있다. 세계 10위권의 경제 대국이자 경제협력개발기구OECD 회원국인 한국에서 2만 명의 그림자 아이들이 의무교육도 받지 못하고 아파도 병원에도 못 가고 있다. 이들이 사회 안전망의 사각지대에서 방치되어 있는 비인간적인 현실은 국제적인 수치다.

유엔 사무총장까지 배출한 한국은 그 위상에 걸맞은 지구촌 사회의 책임과 의무를 다하도록 법적, 제도적, 그리고 인도적 조치를 시급히 취할 필요가 있다. 유엔아동권리협약 7조에서 아동은 출생 후 즉시 등록되어야 하며, 출생 시부터 생명권과 국적 취득권을 가지며, 가능한 한 자신의 부모를 알고 부모에 의하여 양육받을 권리를 가지며, 당사국에서 아동이 무국적으로 되는 경우 특히 그러하다고 규정하고 있다. 이 규정의 정신을 살려 우선 그림자 아이들에게 출생신고와 함께 한국에서 만 18세까지 체류할 수 있는 특별 자격을 부여해야 한다. 동 협약 28조는 모든 아동에 대한 교육받을 권리를 인정하며, 당사국은 초등교육을 의무적으로 모든 사람에게 무료로 제공해야 한다고 되어 있다. 우리나라도 이들에게 최소한 초·중학교의 의무교육을 받을 수 있도록 보장해야 한다.

동 협약 26조에서 당사국은 모든 아동이 사회보험을 포함해 사회보장제도의 혜택을 받을 권리를 갖고 있음을 인정하여, 국내법에 따라 이 권리의 완전한 실현을 달성하기 위하여 필요한 조치를 취해야 한다고 규정하고 있다. 이 규정에 따라 이 아동들에게 국민건강보험을 비롯한 사회보장제도의 혜택을 받을 수 있도록 해야 한다. 우리나라는 유엔 참전국의 숭고

한 희생으로 공산화의 위험에서 벗어났고, 여러 나라의 도움으로 최빈국에서 경제 대국이 되었다. 우리는 어려운 이웃 나라에 손을 내밀어 국제사회에 진 빚을 조금씩이라도 갚아 나가야 한다.

무관심 속에 버려진 2만 명의 그림자 아이들을 인류애로 보듬고 기본 인권을 보장하여야 한다. 이들이 우리 사회에서 자라면서 인종차별, 가난과 사회적 냉대의 그늘 속에서 성장해 우리 사회의 불안 요인이 되지 않을까 우려되기도 한다. 파리, 런던의 이민자 청소년들의 폭동 사태가 강 건너 불이 아니다. 자원 빈국인 우리나라는 사람이 유일한 자원이다. 저출산 고령화의 늪에 빠진 한국은 생산 가능 인구가 2016년에 3,704만 명을 정점으로 2040년에는 2,887만 명으로 줄어 매년 평균 1%씩 감소하는 것으로 추계되고 있다. 이렇게 생산 가능 인구가 격감하는 상황에서 보다 적극적인 이민정책과 함께 2만 명의 그림자 아이들을 미래의 글로벌 인적자원으로 키우는 교육정책이 필요하다. 인종, 종교, 이념의 벽을 넘어선 열린 정책으로 지구촌 사회의 존경을 받는 한국으로 거듭나야 한다.

- 《세계일보》(2016.6.16)

'씬 짜오',
'마간당 아라오',
'사왓디 카'

─────── ○

세월이 흘러도 어제처럼 느껴지는 일들이 있다. 누가 내게 그런 일이 있느냐고 묻는다면, 나는 30여 년 전 사우디아라비아에서 한국대사관 문화공보관으로 근무한 3년간의 추억을 말하겠다. 그 당시 사우디아라비아는 오일쇼크로 휘청거리던 우리 경제에 젖줄 노릇을 톡톡히 했다. 수백 군데 건설 현장에서 14만 명의 우리 근로자들이 열사熱砂의 땅을 일궜다. 고향에 계신 부모님과 처자식을 생각하며 진땀을 달게 흘렸다. 섭씨 50도가 넘는 더위에 심신이 고달프고, 외로울 때면 나는 근로자들과 함께 홍해紅海 바닷가를 걸으며 향수를 달랬다. 운 좋은 날은 한국에서 건너온 배를 서로 나누어 먹으며 고향의 아삭한 맛을 씹었다. 남십자성南十字星이 빛나던 밤엔 부모님 얼굴이 달처럼 떠올라 남몰래 눈물지었다.

그 시절 우리에게 가장 큰 위안을 준 것은 고국의 노래였다. '가고파' 같은 가곡이 나오면 가슴이 뭉클했다. 한국에서 유행하던 대중가요를 담은 카세트테이프를 들으면 신바람이 절로 났다. 우리는 노래로 활력을 되찾았다. 몇 해 전 기업의 공익 재단을 맡게 되었을 때, 우리나라에 와 있는 결혼이민 여성과 이주노동자들을 떠올린 것은 이런 경험 때문이었다. 내가 타국에서 절실하게 느꼈던 그리움을 거울삼아 이들에게 뭔가 도움이 되는 일을 하고 싶었다. 노래 한 자락에 실린 따뜻한 위로, 바로 그것이었다.

그래서 처음 기획한 사업이 '다문화가족 음악방송'이었다. 2008년부터 시작한 이 프로그램은 위성·케이블·인터넷 방송을 통해 중국어·베트남어·태국어·필리핀어·아랍어·몽골어·러시아어·일본어 등 8개 언어로 송출되고 있다. 한국에 온 결혼이민자·외국인 노동자·유학생들의 외로움과 고단함을 헤아려 고국의 말로 고국의 음악을 들려주는 것이다. 한국 생활에 필요한 정보도 제공하고 한국말 배우기 코너도 운영하고 있다. 이 방송을 진행하는 원어민 앵커들은 8개국에서 온 인재들이다. 모두 유창한 한국어 실력과 음악적 센스를 갖추고 있다. 고교 시절 〈겨울연가〉를 보고 한국인의 순수한 사랑과 정서에 매료된 아랍어 앵커인 마르와 자흐란은 아랍권 최초로 개설된 이집트 아인샴스대학교 한국어과의 첫 졸업생이 되었다. 그녀는 속담으로 배우는 한국어 코너를 진행하고 있다. 아랍 속담과 한국 속담은 서로 닮은 것이 많다는 점에 착안한 것이다. '가는 날이 장날이다.' '천 리 길도 한 걸음부터.' '고래 싸움에 새우 등 터진다.' '작은 고추가 맵다.' '그 아비에 그 자식.' 등을 아랍 속담으로 바꾸어 해설한다.

러시아어 앵커 크므즈 율리아는 113년의 전통을 가진 상트페테르부르그대학교 한국어과 졸업생이다. 세계에서 가장 오래된 한국어과를 나온 셈이다. 그녀가 들려주는 서정적인 러시아 음악은 카자흐스탄, 우즈베키스탄에서 온 이주민에게 인기가 높다. 러시아어를 배우려는 한국인도 애청하고 있다. 중국어 앵커 팽려영彭麗穎은 톈진대와 서울대에서 중국 악기 '고쟁古箏'과 우리 가야금을 전공한 연주자이다. 삼성전자에 근무하는 한 중국인은 한류 스타와 한국 최신 가요 등을 소개하는 이코너 덕에 직장에서 서먹한 친구들 사이의 담장을 허물 수 있었다고 한다. 울란바토르에서 컴퓨터 경영학을 전공한 몽골어 앵커 바트바타르 강덜거르는 한국 내 몽골 커뮤니티에서 인기가 높다. 한국에 온 지 9년이 됐다는 애청자는 그녀가 진행하는 한국말 배우기 시간이 되면 단어와 문장을 받아 적기 위해 공책을 찾느라 바쁘다고 한다.

태국어 앵커 삿타탐군 라다완이 태국의 5성五聲 음운으로 방송하는 멘트와 한국어 배우기 코너는 노래만큼이나 살가운 느낌을 준다. 마리아 레지나는 필리핀 소사이어티의 주요 행사에서 사회를 도맡아 보는 스타 앵커다. 매주 이주노동자를 위한 봉사 활동도 한다. 베트남어 앵커 황밍옥이 받은 편지의 사연은 가슴을 뭉클하게 한다. "저는 원주에 사는 신랑 유정섭입니다. 나의 어린 신부 깜에게 힘 좀 주세요. 지난 토요일에 한국에 왔는데 울기만 해요. 엄마가 보고 싶은 모양이에요. 좋은 노래로 우리 신부에게 힘 좀 내게 해 주세요." 일본어 앵커인 나타에다 시오리는 한국 음식과 문화에 심취해 한국에 왔다. 그녀의 깊이 있는 한국 문화 소개는 일본인 사회에 '한국을 다시 보게 한다.'는 반향을 불러일으키고 있다. 문화인류학자들은 음악이야말로 인간이 서로를 이해하는 최선의 도구라고 말한다. 이역만리에서 우리 노래를 들어 본 한국인이라면 다 안다. 가슴을 아리게 하는 그 감동은 우리와 함께 사는 다문화 이주민에게도 마찬가지다. 모국어로 부르는 자장가와 동요를 들을 때의 그 아련함, 자기 나라의 최신 유행 가요를 들을 때의 그 푸근함이란 이루 말할 수가 없다. 다문화가족 음악방송은 8개 언어로 인사말을 한다.

니하오(중국어), 씬짜오(베트남어), 마간당 아라오(필리핀어), 사왓디 카(태국어), 곤니치와(일본어), 센 베노(몽골어), 앗살람 알라이쿰(아랍어), 즈드라스트 부이쩨(러시아어). 다들 '안녕하세요'라는 뜻이다. 그들과 우리 모두 한국 땅에서 안녕하고 싶다.

- 《조선일보》(2010.2.20)

외국인 근로자에게
따뜻한 마음을

——————— ○

글로벌 에티켓 하면 흔히 서구의 문화와 관습에 맞춰진 세련된 매너 같은 외형적인 것을 생각하게 된다. 가령 양식洋食을 먹을 때 포크와 나이프 놓는 법을 알아야 매너 있는 사람이고, 그렇지 않으면 그야말로 매너 빵점이 되는 것이다. 그러나 형식적 매너보다 더 중요한 것은 문화와 생활을 진정으로 이해하고 더불어 함께 살려는 따뜻한 마음씨다.

한국에서 주로 3D 업종에 종사하고 있는 외국 근로자들은 '코리언 드림'을 꿈꾸며 어렵게 이 땅에 발을 디딘 사람들이다. 그들 10만여 근로자들은 우리가 기피하는 열악한 환경과 근로조건 아래 차별과 인간적 멸시를 당하면서 많은 고통과 억울함을 겪고 있다. 이들이 본국本國으로 돌아간 뒤 한국에서 겪은 한국인의 무례함과 비인간적인 일들을 소문내 한국 이미지를 실추시키고 글로벌 에티켓을 지향하는 우리의 국제화에 역행하는 일들이 잦다고 한다.

우리는 혹시 잊고 사는 게 아닐까? 한번 잘 살아 보겠다고 이역만리 타국을 향해 비행기에 몸을 실었던 우리들의 지난 날을, 가장家長을 기다리는 가족들의 조바심과 눈물을.

물론 전부가 그런 것은 아니지만 외국 근로자를 고용하고 있는 우리 회사, 우리 사회가 그들에게 조금씩만 친절했으면 한다. 우리보다 훤칠하게 보이는 선진국 사람들에게는 과잉 친절을 베풀면서 우리보다 가난하다고 생각되는 후진국 사람들에게는 무시와 차별 대우하는 행동. 강자強者 앞에선 약하고 약자弱者 앞에선 강함으로 군림하려는 못난 짓이다. 이런 양식 없는 행동을 우리 스스로 부끄럽게 생각하는 '문화적 자존심'이 필요하다.

1인당 국민총생산GNP이 몇 만 달러가 된다고 해서 선진화된 문화시민, 세계시민이 되는 것은 아니다. 우리와 다른 조건의 문화와 생활을 이해하고 인격적으로 존중하려는 열린 마음이 지구촌 시대를 더불어 살아갈 수 있는 예의 바른 세계인이 되는 지름길이다.

- 《조선일보》(1999.7.24)

보람 있는 일자리가
안착 지름길

──────── ○

　낯설고 물선 한국에 와서 살고 있는 결혼이민자의 다문화가정
이 30만 가구를 넘어섰다. 결혼이민자는 언어와 문화가 달라
사회 적응에 어려움을 겪을 뿐만 아니라 전문성을 살린 취업
기회도 얻기가 쉽지 않다. 보람 있는 일자리는 행복의 열쇠다.
웅진재단은 지난 8년간 여러 기관과 함께 결혼이민자의 일자
리 창출을 위한 시범 교육 사업을 펼쳐 왔다. 제주도다문화가
족지원센터는 결혼이민자 34명을 원어민 강사와 다문화 강사
로 양성하는 교육을 2개월간 실시했다. 수강생들은 영어를 가
르치는 방법과 수업에 활용할 수 있는 아이디어도 얻었다.

　　필리핀 출신 로즈마리 씨는 서귀포 한 초등학교에서 원
어민 강사로 일하면서 영어를 가르치고 필리핀 문화도 소개
하였다. 그녀는 자녀들로부터 "엄마가 너무 자랑스러워요."라
는 말도 들었다고 한다. 광주시다문화가족지원센터는 결혼이
민 여성 19명에게 3개월에 걸쳐 제과·제빵 자격증 취득을 위
한 직업훈련을 실시하였다. 일본 출신 이케다 사요코 씨는 귀

가할 때마다 자녀들이 "엄마 빵!" 하면서 엄마보다 자신이 만든 빵을 더 반갑게 맞아 주어 기뻤다고 한다. 충북이주여성인권센터는 결혼이민 여성 28명을 대상으로 2년여에 걸쳐 한지·규방 공예 교육을 실시했다. 이 센터의 이한례 교수는 수강생들이 교육을 통하여 고난이도의 작품까지 제작할 수 있게 되어 성취감은 컸으나 공들여 만든 이들 작품의 판매가 일정 소득으로 연결되지 않아 안타까워했다.

전북 임실군다문화가족지원센터는 결혼이민 여성을 대상으로 노인요양보호사 양성 교육을 하였는데 41명이 자격증을 취득하는 결실을 이루었다. 베트남 출신 짜우 씨는 수당을 받으면서 건강이 좋지 않은 시부모님을 직접 보살펴 드릴 수 있어 기쁘다고 환하게 웃었다. 이들은 노인성 질환으로 거동이 불편한 어르신들에게 요양 서비스를 제공하는 전문가로 거듭났다.

화순전남대병원은 결혼이민 여성 20명을 대상으로 4개월 과정의 의료 관광 코디네이터 양성 교육을 실시했다. 한국에 온 지 5년이 된 몽골 출신 결혼이민 여성 바르돌고로 씨는 의료 코디네이터의 역할, 의료 용어, 국내외 의료보험의 차이점, 인체해부학과 생리학 등에 관한 교육을 받아 전남대병원에 취업하게 되었다. 흰 가운을 입고 당당하게 일하는 그녀의 모습은 대견스러웠다. 교육생 대부분이 취업할 수 있었고 간호조무사 자격증을 취득한 여성도 있다.

최근 들어 의료 관광 외국인이 급속히 증가하고 있다. 2015년에는 26만여 명이 한국을 방문했다. 한국의 높은 의료 수준과 합리적인 진료 수가 등을 감안할 때, 민관이 힘을 합한 다면 향후 10년간 100만 명의 의료 관광 유치 목표도 가능하다고 생각한다. 이들을 위해 수준 높은 통역과 고충 처리 서비스를 제공할 수 있는 의료 관광 코디네이터의 양성이 시급하다. 한국보건복지인력개발원에서 고용보험 가입자를 대상으로 연간 약 100명의 코디네이터를 훈련시키고 있으나 이는 시장 수요에 턱없이 부족하다. 직장이 없는 결혼이민자들은 교육을 받을 수 있는 기회조차 없는 실정이다. 중국·영어권·러시아어권·아랍어권·필리핀·몽골·베트남·태국 출신의 결혼이민자를 매년 500명씩 '의료 관광 코디네이터'로 양성할 것을 제안한다. 이러한 시범 사업이 성공하면 결혼이민자의 모국어와 한국어의 이중 언어 구사 능력과 양국 문화의 공감 능력을 최대한 살릴 수 있는 일자리를 창출할 수 있다. 일자리야말로 우리 사회 통합을 위해 무엇보다 필요한 것임은 불문가지不問可知다.

-《세계일보》(2016.4.14)

이주노동자 한국살이
고향 노래로 위로하죠

———————— ○

박스오피스 1위를 달리고 있는 영화 〈국제시장〉에는 50여 년 전 파독 광부와 간호사들의 눈물겨운 이야기가 나온다. 지난 26일 박근혜 대통령이 '큰 빚을 지고 있다.'며 감사 편지를 보냈던 그분들이다. 영화는 현재 한국에 와 있는 외국인 노동자들의 아픔도 슬쩍 비춘다. 주인공 덕수가 그들에게서 자신의 옛 모습을 보기 때문이다. 법무부에 따르면 우리나라에 체류 중인 다문화 인구는 170만 명에 달한다.

"거리에서 만나는 외국인들 모두 자기 나라에 대한 자부심이 대단합니다. 그들의 역사와 문화, 방대한 유산을 존중해야 해요. 50년 전 서독의 한국 광부와 간호사, 중동 사막의 한국 근로자들의 땀과 눈물을 생각해서라도 이주노동자의 향수, 애환을 정성껏 보듬어야 합니다."

신현웅 웅진재단 이사장이 인터뷰 내내 가장 많이 언급한 말은 '존중'이었다. 7년 전 웅진재단 설립을 준비하면서부터 다문화를 염두에 뒀고, 아무도 관심을 갖지 않을 때부터 지

금까지 꾸준히 지원해 온 그다. 신 이사장은 '1970년대와 1980
년대에 영국대사관과 사우디아라비아에 문화공보관으로 있었
다.'며 '낯설고 물선 타국에서 유일한 위안은 그나마 시원한 홍
해에 앉아 카세트테이프에서 흘러나오는 우리 노래를 듣는 일
이었다.'고 회고했다.

　　그때의 기억이 씨앗이 되어, 다문화 음악방송으로 꽃피
웠다. 웅진재단이 만든 다문화 음악방송은 개국 6년을 넘겼고
최근에는 스마트폰 애플리케이션 서비스도 시작했다. 원어민
DJ가 24시간 진행하는 방송은 중국어, 베트남어, 필리핀어, 태
국어, 일본어, 몽골어, 아랍어, 러시아어까지 아우른다. 고국의
음악과 한국 노래를 듣고, 꼭 필요한 생활 정보를 알려 주는 것
은 물론 한국어 공부 시간도 있다. 신 이사장은 '다문화가족들
은 자기 나라 언어로 방송을 한다는 것만으로도 존중받는다고
느낀다.'며 '고향의 노래 한 곡이 그들에게 살아가는 힘이 될
것'이라고 힘주어 말했다.

　　낯선 곳으로 시집와 적응하느라 고생하는 다문화 엄마
와 20만 명의 자녀들을 위한 프로그램도 있다. 7개국의 전래동
화를 140편의 애니메이션으로 만든 '엄마 나라 동화 이야기'다.
그는 '입소문을 타면서 다운로드 수가 14만 건을 훌쩍 넘겼다.'
고 말했다.

　　신 이사장은 12회 행정고시로 공직에 입문해 40여 년간
문화정책을 만들고 집행해 온 '문화 전문가'다. 문화부 차관을

지낸 그는 현재 평창올림픽 자문위원장을 맡고 있다.

"자문위원장 자격으로 소치 동계올림픽을 보러 갈 때, 우리 러시아 방송 DJ에게 러시아 노래 2곡과 시 2수를 배워서 갔어요. 우리로 치면 아리랑 같은 국민 노래를 부르고 푸시킨 시를 러시아어로 낭송했죠. 이게 존중입니다. 외교든 사업이든 이런 마음가짐으로 만났으면 합니다. 약아빠진 장삿속으로 접근하면 될 일도 안 돼요."

웅진재단은 희귀 난치성 환아 지원과 수학·과학·예술 영재 지원 사업도 함께 하고 있다.

그는 '재정 때문에 잠시 중단한 다문화 어린이 연극단도 다시 모으고 싶고, 다문화 리틀 야구단을 만들어 세계적인 선수도 키워 보고 싶다.'며 사회 공헌 아이디어를 쏟아 냈다. 더불어 행복한 사회를 꿈꾸는 그의 눈빛이 유난히 빛나 보였다.

- 신찬옥 기자,
〈신현웅 웅진재단 이사장, 이주노동자 한국살이 고향 노래로 위로하죠〉,
《매일경제》(2014.12.31)

다문화가정을 어루만져 주는
손길이 되고자

——————— ○

4월 29일 저녁 8시 성남아트센터 오페라하우스, 세계적인 뮤지컬 〈미스 사이공〉이 공연 중이다. 전쟁과 사랑, 만남과 헤어짐, 죽음과 바꾼 모성애, 아름다운 멜로디와 화려한 무대장치, 첨단 테크놀로지를 총동원한 불멸의 뮤지컬 〈미스 사이공〉이 공연된 이날 로비에는 진짜 사이공 사람들이 떴다. 베트남에서 결혼하기 위해 혈혈단신 이곳을 찾은 다문화가정의 어머니들이 남편과 아이들의 손을 붙잡고 고향을 느끼러 온 것이다. 이날 초대된 인원은 200명, 3일 동안 총 600명의 다문화가정 구성원, 이주노동자들을 초대했다. 로비에는 귀에 설은 외국 말들이 넘실거렸다. 물론 베트남뿐 아니라 태국, 필리핀, 러시아, 파키스탄, 몽골 등 다양한 국가 출신의 이주민들이 〈미스 사이공〉을 보면서 향수를 달래고 문화적인 갈증을 채웠다.

이번 공연 관람은 웅진재단에서 진행하고 있는 다문화가족 음악방송을 통해 이루어졌다. 중국어, 베트남어, 필리핀어, 태국어, 아랍어, 러시아어, 몽골어, 일본어 등 8개 국어로 진행

되는 음악방송을 듣는 청취자들을 대상으로 초대한 것이다.

인간에 대한 사랑 없이는, 글로벌한 의식의 깊이 없이는, 그리고 미래에 대한 믿음 없이는 우리는 다문화 시대를 살 수 없다(이어령 초대 문화부 장관)는 말처럼 현대는 다문화 시대이다. 하지만 아직도 다문화 시대에 대한 사람들의 의식은 부족한 편. 여전히 이주노동자들에 대한 편견과 횡포가 사회문제가 되고 있고 다문화가족에 대한 관심도 아직은 부족한 것이 사실이다.

다문화 사회의 중요성을 인식하고 그에 대한 관심을 불러일으키고자 웅진재단은 설립 초기부터 노력해 오고 있다. 웅진재단의 신현웅 이사장을 만나 그들의 또또사랑을 들어 본다.

문화에 대한 갈증 풀어

인터뷰 장소에 들어서자 다문화가족 음악방송이 들려오고 있었다. 마침 러시아어 방송인 듯했다. 차를 한 잔 마시면서 얘기를 시작했다.

"제가 외국에서 근무를 오래 했는데 그러다 보니 각 나라의 문화에 대한 관심이 높습니다. 아랍 사회에서는 부자가 있으면 그 주변의 여덟 집에서 굶주리는 사람이 있으면 그 부자 책임이라는 불문율이 있어요. 또 가축을 도살할 때도 어떻게 하라는 말이 코란에 나와 있습니다. 그리고 그렇게 도살한 가축만 먹을 수 있게 돼 있습니다. 가축도 함부로 죽이지 않는 거지요.

우리가 알게 모르게 동남아 출신의 이주자들을 무시하는 것은 그들 나라의 문화를 모르기 때문입니다. 그래서 저희는 문화적인 접근을 하자고 해서 음악방송을 만들게 된 것입니다."

신현웅 웅진재난 이사장(전 문화체육관광부 차관)은 1970년대 영국대사관, 80년대 사우디아라비아 등에서 근무한 해외통이다. 그런 그가 오랜 해외 경험을 바탕으로 시작한 것이 다문화가족 모국어 방송이다. 한국에 거주하는 다문화가족 여러분을 위해 2009년 9월부터 고국 소식과 음악을 하루 24시간 해당 국가 출신의 DJ가 들려준다.

"웅진그룹의 윤석금 회장의 경영 정신이 '또또사랑'이에요. 사랑하고 또 사랑하자는 정신을 구현하기 위해 재단을 만든 것입니다. 우리 사회에서 가장 소외받고 가장 시급한 것이 무엇일까 생각한 끝에 다문화가족 음악방송을 만든 것입니다. 고향의 말로 고향 소식도 전하고 자장가를 들으면 힘이 되고 위안도 될 것이다 생각한 것입니다. 이번 〈미스 사이공〉 공연도 음악방송 애청자들의 엽서를 보고 초대한 것이지요. 원주에 19세 베트남 신부가 왔는데 밥을 안 먹고 운다. 음악을 듣고 위안을 받았다. 그런 사연들을 보고 초대했죠."

그 밖에도 웅진재단에서 다문화가족을 위해 실시하고 있는 프로그램은 상당히 다양하다. 임실에서 결혼 이주 여성 40명에게 요양간호사 자격을 취득하게 했는데 최고의 직장으로 각광받고 있다. 울산 레인보우 공부방도 상당히 효과를 거둔 곳, 오전에는 어머니들이 한국말도 배우고 애로 사항도 듣고 오후에는 방과 후 숙제도 가르쳐 준다. 서산에는 구연동화를 배우는 프로그램이 있고 안산에는 통기타 중창단, 동대문에는 어머니 합창단과 어린이 연극단이 있다. 그걸 통해 한국말을 배우고 있다. 〈혹부리 영감〉 공연을 했는데 호평을 받았다고 한다. 앞으로는 공연 팀을 구성하여 순회공연을 할 예정이다. 또 리틀 야구단도 만들 계획인데 다문화가정의 아이들이 자신감을 가질 수 있는 좋은 기획이라고 생각한다.

"원래 우리 민족이 인정이 많은 나라입니다. 전남에서 양어머니 결연 운동을 합니다. 외국인 며느리가 들어왔는데 시부모가 없으면 양어머니같이 해 주는 것입니다. 인간적으로 힘을 갖게 해 주면 돈 주는 것보다 훨씬 의미 있는 일이지요. 우리가 하려고 하는 것은 인간적인 존중입니다."

멘토링으로 진로 결정

다문화가족을 위한 프로그램 이외에 웅진재단에서 힘쓰고 있는 것은 수학·과학·예술 영재 육성을 위한 멘토링 사업이다. 기존의 장학 사업이 장학금을 지원하는 물질적 차원이었다면 여기에 그 분야의 최고 권위자를 멘토로 붙여 주는 것이다.

대한수학회 회장인 김도한 서울대 교수, 오세정 서울대 물리천문학부 교수, 첼리스트 정명화나 서울대 음대 학장을 지낸 신수정 교수 같은 대가들이 아이들을 선발하고 직접 멘토링

해주고 있다.

"학생들이 멘토링을 통하여 자신감이 생기고 더 큰 세계를 알게 됐다고 좋아해요. 멘토에게 공부하는 방법이나 진로 방향도 물어보고 합니다. 일반적으로 우수한 학생들이 의대나 한의대로 가는데 우리 장학생들은 한 명만 빼고 다 기초과학 분야를 택했습니다. 또 그들 가운데는 자기가 받은 혜택을 벌써부터 사회에 환원하겠다는 뜻을 전해 오기도 해요. 그럴 때 보람을 느낍니다."

일반 쌀 못 먹어

그 밖에 하고 있는 일은 희귀 난치성 환아 지원 사업. 희귀 난치성 질환은 2,000여 종의 질환, 50만 명의 환자가 있으나 정부 차원의 지원 사업은 2만여 명의 대상자에 한해 지원되고 있어 환자들의 현실적 요구 충족에는 미흡한 실정이다.

아미노산 대사 질환, 프래더윌리증후군 등 이름도 못 들어 본 병명이 수두룩하다. 선천성대사이상은 음식을 맘대로 못 먹는 병이다. 일반 쌀을 먹으면 몸에 독이 오르는 병이다. 그래서 이들이 먹는 쌀은 특수한 쌀이다. 작년에 CJ에서 개발했는데 그전까진 모두 일본에서 수입했었다. 그들을 위해 매년 캠프를 개최하고 쌀을 제공하고 있다. 만화책자도 만들고 치료 처방 자동 식단을 제공하는 일들을 웅진재단에서 하고 있다.

"정부가 어떻게 다 하겠습니까. 우리는 나름대로 작은 사업을 하지만 큰 그림을 그리는 데 역할을 하고 싶은 것이지요. 작은 불씨를 던져서 그 불씨가 확산되길 바라는 마음입니다."

버는 것보다 쓰는 것이 어렵다고 한다. 쓰는 것보다 어려운 것이 남을 돕는 것이라는 생각이 들었다. 돕는 데에는 세심한 배려와 사랑, 구석구석 살피는 보이지 않는 정성이 더욱 필요한 것이기 때문이 아닐까 생각했다.

- 김창일 기획위원,
〈다문화가정을 어루만져 주는 손길이 되고자〉, 《삶과 꿈》(2010년 10월호)

미래를 준비하는
글로벌 시민을 위한 방송

EBS를 빛낸 프로그램

1970년대 영국대사관에서 근무하던 시절, BBC 방송의 교양 프로그램을 보며 전문성을 갖춘 정보, 아름다운 영상, 주옥같은 대사에 감탄하곤 했다. 우리나라에서도 그런 프로그램을 볼 수 있기를 바라던 때가 있었다. 30여 년이 흐른 지금, 국내 방송을 통해서도 해외 방송사와 비견할 만한 프로그램들을 볼 수 있게 되었다. 평소 즐겨 보는 EBS 다큐 프로그램과 교양 프로그램이 그렇다. 여러 분야의 문화·예술인들이 세계를 여행하는 〈세계테마기행〉과 우리나라의 역사와 문화적 명승지를 찾아가는 〈한국기행〉 같은 프로그램은 정보와 감동을 동시에 주며 시청자들에게 주목받고 있는 EBS 대표 프로그램이다. 최근에는 EBS의 다양한 프로그램들이 국내외 시상식에서 연이은 수상을 기록하면서 이를 증명하고 있다. 특히 세계 각국의 우수한 다큐멘터리의 경연장이 된 EBS 국제다큐영화제EIDF는 우리나라의 자랑이 되었다. 그 밖에 2011년 방영될 세계 최초

3D 입체 영상 다큐멘터리 〈앙코르 문명〉, 실험적인 시도와 콘텐츠의 산물인 〈한반도의 공룡〉과 〈바람의 혼, 참매〉는 수출 시장에서 인기를 모으고 있다. 이를 통해 EBS가 우리나라의 대표 교육 방송이자, 다양한 문화 콘텐츠를 다루는 문화 방송으로도 거듭날 수 있는 좋은 시기라고 생각한다.

전 세대에 주목받는 교육 콘텐츠 개발

EBS는 지난해 아이들의 꿈과 희망을 그릴 수 있는 유아 교육 프로그램, 교양과 문화적 소양을 갖춘 평생교육 프로그램, 외국인 및 사회의 소외 계층에게 유익한 정보와 도움을 줄 수 있는 정보·문화 프로그램들을 새롭게 선보이며 좋은 반응을 얻었다. 이처럼 EBS는 전 연령층이 즐겨 볼 수 있는 질 높은 콘텐츠의 프로그램이 많은데도 아직도 입시 준비와 연계한 교육 전문 방송이라는 선입견을 갖고 바라보는 시선이 있어 아쉽다. 물론 지난해에도 사교육비 경감과 교육 격차를 해소하기 위해 수능 강의 내용과 서비스를 강화하여 2011 대학수학능력시험 에서도 높은 연계율을 나타내는 등의 성과를 보였다. 공영방송 으로서 EBS는 수준 높은 교육 서비스를 제공하며 공교육을 지원하는 역할에 충실해야 하지만 EBS가 전 세대의 공감을 얻고 누구나 부담 없이 선택하는 채널로 거듭나기 위해서는 프로그램에 전문성과 다양성을 갖추어야 할 필요가 있다.

하버드대학교에서는 전 세계를 대상으로 하는 여행 프

로그램을 만들어 많은 사람들의 주목을 받고 있다. 프로그램의 인기 비결은 하버드대학교 출신의 역사학자, 인류학자, 음악가 등 각 분야에 권위 있는 사람들이 다양한 시각에서 전문성과 식견을 풀이 냈기 때문이다. 국민의 의식, 정신세계를 이끌어 갈 수 있는 매체인 교육 방송 역시, 전문성을 갖춘 이들이 프로그램에 참여하여 시청자들이 깊은 통찰력과 다양한 시각으로 세상을 바라볼 수 있게 하는 역할을 해 나가야 할 것이다. 아직도 수신료 현실화와 같이 올바른 재원 구조 확보를 위한 과제들이 많이 남아 있지만 지금까지 EBS의 도전과 노력에 비추어 볼 때 최고의 프로그램, 최고의 시청률을 선보일 수 있을 것이라는 확신이 든다.

따뜻한 사회를 만드는 공영방송의 역할

몇 해 전부터 맡고 있는 공익 재단에서도 교육과 관련해 장학 사업과 문화 사업 등을 진행해 오고 있다. 그중 대표적인 것이 '다문화가족 음악방송'이다. 3년 전부터 시작한 다문화가족 음악방송에서는 우리나라에 거주하는 결혼이민자, 이주노동자, 유학생, 의료 관광객 등을 대상으로 한국어를 잘하는 원어민 앵커가 그 나라의 언어로 그 나라의 음악과 한국 음악, 생활 정보 등을 들려주고 있다. 프로그램에서는 고향의 향수를 불러일으킬 수 있는 동요, 자장가를 비롯해 우리나라에서 생활하는 데 필요한 한국어 교육, 자녀 양육, 취업, 의료, 법률,

인권 문제 등에 대한 내용을 제공하고 있다. 중국어, 일본어, 베트남어, 태국어, 아랍어 등 총 8가지 언어로 제작되어 위성방송과 케이블 TV, IPTV를 통해 방송되고 웅진재단 홈페이지를 통해 해외까지 송출되고 있다. 또 '엄마 나라 동화'를 한국어와 본국어로 제작한 애니메이션을 재단 홈페이지에 게재해 누구나 무료로 볼 수 있도록 제공하고 있다. 이처럼 민간 재단에서도 우리 사회의 소외 계층을 위한 적극적인 움직임이 일어나고 있다. 어려운 상황에 있는 외국인들이 어린 시절 들었던 자장가나 동요 등을 아이들과 함께 들을 수 있는 것, 이것이 그들에게 최고의 복지가 아닐까? 이미 다문화·다인종 사회에 진입한 우리나라에서 살고 있는 외국인, 소외 계층을 위한 관심과 배려, 그런 따뜻한 마음과 따뜻한 사회를 만드는 방송이 공영방송 EBS의 역할이 될 것이다.

글로벌 시민을 위한 방송으로 거듭나길

2011년 EBS 시청자위원회 위원장으로 활동하게 되었다. 전문성이나 자격 면에서 많이 부족하지만 위원장으로 위촉된 것이 영광스럽고, 또 막중한 책임감을 느낀다. 각 분야에 전문 식견을 가진 여러 시청자위원들과 힘을 모아 자유로운 의견 개진과 토론을 통해 국민의 사랑을 받는 문화 미디어 방송, EBS로 거듭날 수 있도록 일조하기 위해 각오를 다져 본다. 첫째로 EBS의 경영 방침과 방송 지표에 맞춰, 온 국민이 즐겨 시청하는 교육 콘텐츠를 갖추도록 힘을 모을 것이다. 둘째, 공교육을 보완하여 창의력과 비전을 지닌 미래 인재 양성을 위한 방송이 되는 데 힘을 더하고자 한다. 셋째, 세계화 시대 지구촌 사회를 더불어 살아가는 글로벌 시민 의식 함양을 위한 다양한 역사·문화·교양 프로그램을 제공하는 데 의견을 함께 개진할 것이다. 마지막으로 시청자의 시각과 입장에서 긍정적 비판 의견을 통해 원융회통圓融會通의 소통이 이루어지도록 노력할 것이다.

열악한 여건 속에서 재도약을 위해 노력하는 EBS 임직원들의 노고를 성원하고, 최고의 프로그램과 시청률을 자랑하는 교육·문화 방송으로 자리매김하기를 기원한다.

- EBS, 《한사람》(2011년 1월호)

한영정책포럼. 중앙 강영훈 전 국무총리(2002년 5월, 케임브리지대학교)

제4부

철새가 밥 먹여 주나?

을숙도를 찾은 겨울 철새들
©부산 사하구 문화관광과

천년의 문
비가悲歌

———————— ○

'천년의 문'의 슬픈 이야기다. 새천년과 2002 월드컵을 계기로
서울 상암동 한강 변에 세우려던 세계 최초 원형 건축물로 서
울의 고리The Ring of Seoul로 불리었다. 직경 200m, 북녘 땅 개성

새천년 기념 국가 상징 조형물 '천년의 문' 조감도. 세계 최초 원형 건물(직경 200m).
문화체육부의 건립 백지화 선언으로 건립 불발(2001년)

을 볼 수 있는 스카이 전망대와 원圓이 갖는 철학적 의미도 지니고 원의 궤적을 따라 움직이는 곤돌라는 세계 건축사에 한 획을 긋는 작품이다. 그러나 천년의 문 당선작이 태어난 지 1년 만에 안전성과 건축비 과다 등을 빌미로 그 문화적 가치를 알아보지 못한 정부에 의해 2001년 3월 중단됐다.

천년의 문은 새천년준비위원회 이어령 위원장이 기획하고 천년의 문 재단 이사장이던 필자가 주관하여 추진했던 국가 상징물 프로젝트다. 1999년 10월 아이디어가 있는 사람은 누구나 공모 설계를 낼 수 있게 하여 유명 건축설계사와 백남준을 비롯한 예술가의 작품 36편이 접수되었다. 2000년 2월 장석웅, 강석희 등 심사위원 9명은 30대 천재 건축가 이은석, 우대성의 공동 작품을 만장일치로 선정하면서 구조설계의 어려움이 예상되나 서울의 랜드마크가 될 수 있는 우수 작품이라고 평가했다.

필자는 설계 당선자에게 세계적인 구조설계·풍동실험 회사와 협력해 설계하도록 요청했다. 관계 부처 장관 회의에서 천년의 문 건축비 300억 원을 550억 원 규모로 증액 결의해 한숨을 돌렸다. 설계안이 캐나다 RWDI 풍동실험에서 세 차례 실패했으나 영국 구조설계 회사 오베 아르푸사에서 해법을 찾아 10개월 만에 100년 주기의 지진, 바람, 홍수에 견딜 수 있는 구조설계에 성공했다.

일부 시민단체들이 천년의 문의 160m 크기 태극기 게양에 반대했다. 건립에 적극적이던 문화관광부 장관의 교체로 기류가 바뀌더니 새로 취임한 장관은 "문제가 훤히 드러나 보이는 사업을 무리하게 계속 추진하는 것보다 중단하는 것도 용기라고 생각했다."면서 천년의 문 건설을 백지화시켰다. 수조 원한국 브랜드 가치 창출의 기회를 차 버렸다. 국내외 설계비 9억 원 지불을 요청했으나 80% 진행된 실시 설계비를 한 푼도 주지 않고 중단시켰다. 설계 회사가 문화관광부 장관을 상대로 설계비 지급 소송을 제기해 7년 만에 대법원 승소 판결로 설계 보상비 22억 원을 받았다.

시드니 오페라하우스의 1956년 국제 설계 공모에서 덴마크 건축가 예른 웃손의 조개껍질 디자인이 선정됐다. 4년 완공 목표가 구조설계 문제로 네 차례나 중단되어 16년이 걸리고

오스트레일리아 시드니 오페라하우스 앞에서 필자(2004년 2월)

공사비도 계획보다 10배 이상 2억 2,000만 달러가 소요됐다. 1973년 준공된 오페라하우스는 시드니의 랜드마크가 되었다.

그런데 천년의 문 디자인을 표절한 것으로 의심되는 157m 원형 건축물인 생명의 고리-중국The Ring of Life-China이 중국 랴오닝성 푸순에 4년간 시공해 2012년에 세워졌다고 한다. 우리는 그 문화적 가치를 잘 몰라서 건설을 중단했고 그 가치를 알아챈 이웃 나라는 그 귀한 작품을 재빨리 원용해 먼저 건설하여 자신들의 것으로 만든 셈이다. 허핑턴 포스트, 영국《데일리메일》,《내셔널지오그래픽》등이 중국 생명의 고리 디자인이 독창적이고 철학적이며 아름답다면서 에펠탑에 버금가는 중국의 랜드마크가 될 것이라고 평했다.

천년의 문 건설을 중단시켰던 그때 그 장관은 중국에 세워진 생명의 고리를 보며 무슨 생각을 할까? 천년의 문 건설 재개에 힘을 보태는 새 용기를 기대한다. 시드니 오페라하우스와 파리 에펠탑도 문화계의 반대에 부딪혔으나 우여곡절 끝에 건립되었다. 원을 따라 오르는 곤돌라로 200m 전망대 관람객이 연 500만 명으로 예상되어 독립채산제 운영이 가능한 프로젝트다. 새해 봄날, 문화의 가치를 알고 밀어주는 문화 대통령이 탄생하고 심미안 있는 기업인이 한국의 랜드마크가 될 수 있는 천년의 문을 다시 세우는 한겨울밤의 꿈을 꾼다.

-《매일경제》(2021.12.18)

천년의
소리여

세종대왕은 예禮와 악樂의 문화정치를 펼쳤다. 임금은 나라를 평정한 다음에는 음악을 제정하고 백성을 편하게 살게 한 뒤에는 예를 마련한다. 음악의 정리는 곧 '예'의 지름길이라고 여겼다. 박연이 새로 제작한 편경의 시연을 듣고 세종은 "편경의 소리는 맑고 고우며 조율도 잘되었다. 그런데 이칙음(12율 가운데 9번째 음)의 소리가 좀 높으니 어찌된 일인가?"라고 하였다. 박연이 다시 세밀히 조사하였더니 이칙의 경돌을 만들 때 그어놓은 먹줄이 일부 그대로 남아 있었다. 절대음감을 지닌 세종은 동양 최초로 음의 높이와 리듬을 알 수 있는 악보인 정간보 井間譜를 창안하여 많은 가곡과 종묘제례악 등을 작곡한 음악가이다.

1431년 정월 초하루 세종은 여러 신하를 거느리고 근정전에서 새로이 정리된 아악의 연주를 들으면서 새해의 하례를 받았다. 경복궁에는 관현악을 편성할 수 있는 119명의 악사가 있어 매월 여러 차례 조회에서 아악과 향악을 번갈아 연주하였

종묘제례악 ⓒ국립국악원

다. 1991년 9월 유엔 가입을 경축하기 위해 국악 연주단이 뉴
욕 카네기홀과 LA 슈라인 오디토리엄에서 세종대왕이 작곡한
종묘제례악 중 '전폐희문'을 연주했다. 존 케이지를 비롯한 세
계적 예술가, 평론가들이 극찬을 하였고《뉴욕타임스》,《로스앤
젤레스타임스》,《크리스천사이언스모니터》등이 15세기 초에
이렇게 장엄하고 신비로운 음악을 작곡한 세종대왕은 최고의
작곡가라고 대서특필하였다.

　　그렇다. 해외에서 높은 평가를 받는 국악의 가치를 우리
국민은 얼마나 즐기고 사랑하는지 되돌아볼 때이다. 일본 도쿄
의 가부키좌歌舞伎座 등 8곳 극장에는 기모노를 입고 입장하는
관객이 객석을 채우고 중국 베이징의 리위안극장을 비롯해 80

여 곳의 경극京劇 극장이 1년 내내 만석을 이루는 것이 부럽다. 일본 가부키와 중국 경극 티켓은 우리 국악의 4~5배 가격이다. 이렇게 저렴한 티켓 가격에도 국악 공연은 아직도 빈 좌석이 많다. 이런 현실은 국악에 대한 우리 국민의 사랑의 온도계가 아닐까?

새해부터 국립국악원 예악당·우면당, 국립극장 해오름·달오름극장, 민속극장 '풍류'를 찾아 우리 국악의 향기를 느껴 보자. 신비한 천년의 소리 '아악'과 '향악', 흐르는 달도 멈추게 하는 영혼의 노래 '가곡', 민중의 애환이 서린 판소리, 거문고·가야금 산조를 올해 버킷 리스트에 올려야겠다. 중국의 경극 〈패왕별희〉와 같이 장기 공연할 수 있는 대표적인 국악 작품도 만들자. 우리가 국악을 즐기고 사랑하지 않는다면 누가 우리의 문화 자존심을 지켜 주고 한국을 문화 국가로 존중하겠는가?

- 《매일경제》(2019.1.30)

한국 바둑의
중흥을 위하여

───────── ○

최근 이세돌 9단이 삼성화재배와 도요타덴소배를 제패하고 한
국 바둑 대표 팀이 이창호 9단의 분투에 힘입어 농심신라면배
국가 대항전에서 6연패라는 대기록을 달성하여 세계 바둑 최
강국의 위상을 떨친 것은 우리나라의 바둑 인구와 프로 기사의
역사를 감안해 볼 때 2002 월드컵 4강 신화에 못지않은 쾌거라
고 생각한다.

10년 전 필자가 청와대 문화체육비서관으로 봉직하고
있을 때 17세에 세계를 제패한 이창호 국수가 군 입대를 하게
되었다는 소식을 접하고, '이는 국가적 큰 손실이다' 싶어 동분
서주하던 기억이 새롭다.

예술인과 스포츠 선수에 대해서는 병역특례제도가 있었
으나 바둑 기사는 그 제도의 적용을 받지 못하고 있었기 때문
이다. 다행스럽게도 그 당시 한승수 대통령비서실장의 적극적
인 지원으로 문화체육관광부, 병무청 등의 협조를 얻어 바둑
분야를 병역특례 대상에 포함시킬 수 있었다. 그동안 이창호 9

단을 비롯해 송태곤, 박영훈, 최철한 등 젊은 기사들이 이 제도의 혜택을 받아 한국 바둑계의 발전에 기여했다고 생각되어 뿌듯하다.

한국 바둑 중흥의 기틀을 마련하고 바둑의 세계화를 위하여 필자는 몇 가지 제안을 하고자 한다. 바둑을 사랑하는 '무급거사'의 훈수를 너그러이 애교로 받아 주시기 바란다.

첫째, 주요 국제대회에서 준우승 이상의 성적을 거둔 한국기원 소속 기사에 대한 병역특례 대상을 대폭 확대해야 할 것이다. 현행 병역특례 대상 2개 대회를 바둑계에 대한 기여도, 대회의 역사와 전통, 규모 등을 고려하여 5개 대회 이상으로 확대하여 더 많은 신진 기예들이 바둑에만 계속 전념할 수 있도록 길을 넓혀 주어야 할 것이다.

둘째, 바둑의 세계화를 위해 바둑의 국제 올림픽 정식 스포츠 종목화하는 방안에 대해 우리 바둑계는 깊은 연구와 착실한 준비를 해야 한다고 생각한다. 바둑의 국제올림픽위원회IOC 종목 채택은 동아시아의 울타리를 넘어 전 세계인이 즐길 수 있는 최고의 두뇌 게임으로 발돋움하는 계기가 될 수 있을 것이다.

셋째, 젊은 기사들이 지속적으로 바둑에 전념할 수 있도록 국군체육부대 내에 소규모의 '국군바둑기사단'을 창설하는 방안도 검토되어야 할 것이다. 이는 우리나라 프로 기단의 저변 확대와 국군의 사기 진작에도 도움이 될 수 있을 것이다.

넷째, 한국 바둑 기사들이 해외로 진출하여 한국 기원을 개설할 수 있도록 지원하는 '해외 진출 중장기 계획'의 수립을 촉구한다. 아울러 세계 각지의 외국 프로 기사 지망생들의 국내 연수를 위한 장학 기금의 확보도 필요하다고 본다. 지난 수십 년간 한국 태권도 사범 1,700여 명이 세계 곳곳에 도장을 개설하여 전 세계 태권도 인구가 5,000만 명에 달하고 있다. 태권도인의 개척 정신을 본받아 우리나라 바둑 기사들이 해외에 진출할 수 있도록 돕는 행정 지원 체제를 갖추어야 할 것이다. 이는 젊은 기사들의 일자리 창출뿐만 아니라 한류문화를 전 세계에 뿌리내리게 하는 데에도 이바지할 것으로 생각된다.

- 한국기원, 《바둑》(2005년 4월호)

문화재
수난시대

———— ○

1950년 6·25전쟁 발발 사흘 만에 북한 인민군이 서울을 점령했다. 그다음 날 북한 문화유물 팀이 경복궁 내 국립박물관을 접수하러 왔다. 직원 30여 명은 한 명도 피란하지 않고 서울에 남아 박물관을 지켰다. 북한 팀은 김재원 관장을 내쫓고 신라 금관, 고려청자 등 국보급 문화재를 신속히 포장할 것을 직원들에게 명령했다. 우리 직원들은 진짜 중요한 유물은 별거 아니라면서 포장 우선순위를 바꾸고, 일부 유물은 오동나무 상자를 구해 싸야 한다면서 중요 문화재 포장을 최대한 늦췄다. 유엔군 인천상륙작전으로 9월 28일 서울이 수복돼 국보·보물급 문화재 수천 점이 북한으로 탈취되는 위기를 겨우 면했다.

한편 7월 하순 창경궁 장서각의 적성산사고본《조선왕조실록》은 북한군이 트럭에 싣고 북으로 사라졌다. 10월 19일 당시 중공군의 한국전 개입으로 또다시 위기감을 느낀 김 관장은 상부에 문화재 피란을 읍소해 허락을 받았으나 국방부는 도와줄 여력이 없었다. 이러한 위급 상황을 알게 된 유진 크네즈 미군행정처 문정관이 미군 트럭과 부산행 화물열차를 주선해 줬다. 박물관 직원들은 12월 초부터 서둘러 포장한 중요 문화재 1만 9,000점을 화물열차 편으로 네 차례 부산세관청사에 소개 疏開시켰다. 며칠 후 1·4후퇴로 서울이 공산군에 재점령됐다. 우리 문화재 지킴이들의 목숨을 건 사명 완수는 큰 감동이다.

11년 전(2008년) 국보 1호 숭례문의 방화 소실 사건은 아직도 생생하다. 작년(2018년) 9월 브라질 국립박물관에 대형 화재가 발생해 인류 문화·자연사 유물 2,000만 점 중 90%가 소실됐고, 미주 대륙 인디오 역사의 비밀 열쇠라는 1만 2000년 전 '루지아' 여성 유골도 불탔다. 정부의 문화재 예산이 수십 년간 대폭 삭감돼 스프링클러와 소화전조차 작동되지 않을 정도로 박물관의 유물 관리가 방치된 결과다. 최근 이라크·시리아 내전으로는 4000년 전 아시리아의 팔미라 유적, 라마수 석상, 은제 하프 등 유적·유물 수만 점이 파괴·약탈됐다.

세계적인 문화재 수난시대에 우리나라 문화재 예산이 정책 우선순위에서 후순위로 밀리는 현실이 안타깝다. 한민족 문화유산은 민족문화의 정수精髓이자 국가 경쟁력의 원천源泉이다. 정부는 문화 국가를 가늠하는 척도인 문화재 예산을 획기적으로 늘려야 한다. 이와 함께 국가 중요 문화재에 대한 화재 예방, 안전 방재, 전시 소산 계획을 재점검하고 주요 민간 박물관 소장품에 대한 안전 대책에도 관심을 갖기 바란다.

－《매일경제》(2019.2.27)

달나라 계수나무 옆에
태극기 꽂자

─────── ○

21세기는 우주 개척 시대다. "푸른 하늘 은하수 하얀 쪽배에 계수나무 한 나무 토끼 한 마리~"는 1924년 윤극영이 작사 작곡한 '반달' 노래다. 한민족은 달빛에 젖은 신화 속에서 살았다. 달나라 계수나무 옆에 한국 우주인이 꽂은 태극기 볼 날을 고대한다.

1969년 닐 암스트롱이 인류 최초로 달 표면에 첫발을 딛고 미국 성조기를 꽂았다. 미국, 러시아, 유럽연합EU과 함께 인도, 중국, 일본, 이스라엘, 아랍에미리트UAE 등 아시아 국가도 달을 넘어 화성, 목성, 소행성으로 우주 탐색에 나서고 있다. 수년 내 달에 과학 기지를 세우고 10년 내 화성에 지구인을 보내려는 우주 경쟁이 뜨겁다. 꿈을 파는 우주 기업 스페이스X의 일론 머스크는 2050년까지 화성에 지구인 100만 명을 보낸다고 호언장담한다.

작년 12월 중국 창어 5호는 달 뒷면에 오성홍기를 펼쳐 보였고, 채취한 흙을 옮겨 실은 귀환선이 네이멍구에 착륙했다.

일본 하야부사 2호도 소행성 류구에서 토양을 싣고 오스트레일리아 사막에 안착했다. 지난달에는 UAE 탐사선 '아말'이 미국, 러시아, EU, 인도에 이어 화성 궤도에 진입했다. 과학 변방국으로 알았던 UAE가 과학 선진국과 협업해 이뤄 낸 쾌거다. 중국 톈원 1호도 화성 궤도에 진입했고 5월에 착륙할 예정이다. 미국 퍼서비어런스호도 화성에 착륙했으며 생명체 흔적과 인류 거주 가능성을 탐색한다. 미국·중국·일본·UAE 국민은 밤새워 지켜보며 환호했다. 한국은 강 건너 공상영화 보듯 한다.

태평양전쟁 후 일본을 점령한 맥아더 장군은 세계적인 도쿄대, 교토대 원자력학과와 실험실을 폐쇄했다. 이런 와중에도 일본은 1949년부터 노벨과학상을 24명이나 수상한 기초과학에 힘입어 우주 강국이 됐다. 중국은 1955년 6·25전쟁 미군 조종사 포로 11명과 교환해 중국에 온 과학자 첸쉐썬 박사에게 원자탄·로켓·인공위성 개발을 맡기고 적극 지원해 오늘날 우주 강국의 기초를 쌓았다. 저우언라이 총리는 첸 박사 자택을 찾아가 새해 인사를 드려 과학자를 존경하는 모습을 보였다.

15세기 초 세종조는 '해와 달과 별'의 과학 문명을 꽃피웠다. 경복궁 내에 간의, 혼천의 등 첨단 장비를 갖춘 동양 최대 천문대 간의대를 설치하고 매일 밤 천문학자 5명이 달과 별의 운행과 위치를 관측했다. 세종은 깊은 밤 경복궁 집현전에서 연구하다 깜빡 잠이 든 학사의 어깨에 입고 있던 용포를 벗어 덮어 주기도 했다. 이순지, 이천, 장영실, 정인지 등 기라성 같은 과학자들이 인류 과학사에 남는 천문학 업적을 남겼다. 신분과 당파를 넘어 뛰어난 인재를 등용하는 세종의 리더십 덕분이다. 40년 전 이어령 문화부 장관 시절 '이달의 문화인물' 사업을 펼치며 '장영실 과학상' 제정에 협조하도록 과학기술처와 《매일경제》에 요청했다. 이 상이 우수 과학자를 발굴하고 과학 문화 진흥에 기여하는 권위 있는 과학상으로 발전해 기쁘다.

이승만 대통령은 1956년 워커 시슬러 미국전력협회 회장의 조언을 받아 1인당 국내총생산GDP 70달러 최빈국 시절 원자력발전에 올인했다. 그해부터 1인당 6,000달러가 드는 국비장학생 237명을 연차적으로 미국, 영국 등 선진국에 유학을 보냈다. 이들이 귀국해 원전 기술을 발전시켜 2009년에는 가장 안전하고 경쟁력 있는 첨단 원전을 수출하는 원전 선진국이 됐다. 20년 이상 기술을 축적해야 하는 꿈의 에너지 사업을 전폭 지원한 지도자의 리더십이 돋보인다.

세계 10위 경제 대국 한국은 달나라 근처에도 가지 못하고 있다. 달 궤도선을 2018년에 쏘아 올리려는 계획이 2020년으로, 다시 2022년으로 연기됐다. 미래 세대에 우주의 꿈을 심자. 문샷(Moon Shot, 달 탐사) 같은 우주 프로젝트는 정부가 적극 나서야 한다. 세종의 과학혁명과 우리 원전 발전 역사를 거울삼아 이제라도 우주 사업의 국책 우선순위를 높여 우주 개척 시대를 열자.

－《매일경제》(2021.3.13)

한일문화통신사
부활을 꿈꾼다

———————— ○

한일 관계가 빙하기다. 치욕의 망국 역사는 와신상담 심정으로 역사가에게 맡기고 문화의 힘, 스포츠 열기로 빙하를 녹여 우정의 강물이 흐르는 한일 신시대를 열어야 한다.

한일 간 새로운 미래를 열기 위해 이어령 문화부 장관이 기획한 한국문화통신사가 1992년 일본에 가고 일본문화통신사가 1994년 한국에 왔다. 문화정책국장이던 필자는 일본 관련 부처와 동 사업 추진을 협의해 국제교류기금과 자치성교류기금의 후원을 얻었다. 일본은 처음엔 통신사라는 명칭에 마뜩해하지 않았으나 양국 간 문화 교류 증진 필요성에 공감했다. 한국문화통신사는 한일문화포럼, 가야문화전, 한국민속전, 〈심청전〉 공연으로 구성됐다. 문화부는 1992년 일본 국민가요 엔카의 국내 방송·음반을 처음 허용했다.

한일문화포럼은 《아사히신문》 주최로 아사히홀에서 이어령 장관과 일본 석학 우메하라 다케시의 기조연설로 진행됐다. 한일 문화 동질성同質性은 유불선 문화, 우랄알타이어족, 한

자 문화권, 유교적 위계질서에서 찾아볼 수 있다. 한일 문화 이
질성異質性은 한국인의 개인주의와 일본인의 집단주의 성향, 한
국인의 문文과 일본인의 무武 숭상, 한국인의 솔직하고 풍부한
감정 표현과 일본인의 본심과 부정직 표현 억제력이 비교된다.
똑같은 야금술을 가지고 한국은 세계에 없는 에밀레종과 금속
활자를 만들고 일본은 무적의 일본도를 만들었다. 이 장관은
사람을 살리는 기술과 죽이는 기술의 차이라고 비유하여 웃음
과 박수로 강당을 제압했다.

　　도쿄 국립박물관에서 열린 가야문화전에 일본 천황 부부
가 참관했다. 역대 천황 중 한국 문물 전시 첫 참관이다. 교토,
후쿠오카에서도 열린 전시에 연 20여만 명이 관람했다. 청동

일본 국보 1호 목조 미륵보살반가상이 있는 법륭사(호류지) 주지 스님과 차담회(1999년 3월)
왼쪽 두 번째 필자, 네 번째 곽영진 국제교류 과장

거울, 청동검, 마구, 간토기, 유리 보석과 함께 가야시대 갑옷과 일본에서 출토된 갑옷이 나란히 전시되었다. 한일 갑옷은 크기, 형태, 재질까지 똑같아 긴밀한 문화 교류가 있었음을 느낄 수 있었다.

도쿄 아자부미술관에서 열린 허동화 컬렉션 '한국 색色과 형型' 전 개막식에 일본 천황의 차남 왕자비가 참석했다. 6개 층 전시실은 고려와 조선의 자수와 조각보, 복식 등 규방 유물로 채우고 꽃문양이 새겨진 100여 개 다듬잇돌이 놓인 지하 전시실에는 서울올림픽 폐막식의 다듬이 소리가 울려 퍼졌다. 왕자비는 수행원들을 내보내고 30분간 명상에 빠졌다. 그 후 수십 년간 일본 황실과 문화 소통을 하던 허동화 관장은 세상을 떠나며 서울공예박물관에 소장품을 기증했다. 국립창극단의 〈심청전〉 창극 공연이 도쿄 국립극장에서 열렸다. 심청 역 안숙선 명창의 영혼을 울리는 판소리에 예술인, 대신, 국회의원 등 일본 관객이 큰 박수를 보냈다.

이에 화답해 1994년 일본문화통신사 극단 사계四季의 〈지저스 크라이스트 슈퍼스타〉 뮤지컬 공연이 서울 국립극장에서 열렸다. 화려한 무대와 우아한 춤, 노래에 매료됐다. 현대 일본 문화 강연이 일본문화원에서 열리고 일본전통공예전과 현대일본디자인전이 과천 국립현대미술관에서 개최됐다. 이 전시회에 태평양전쟁희생자유족회 회원들이 불법 난입해 장식장과 공예 작품 수십 점을 깨뜨리는 반달리즘이 일어났다. 마음과 마음이 오고 가는 한일문화통신사의 정례화로 우정과 신뢰를 쌓으려던 노력은 물거품이 되고 문화통신사 교류도 중단됐다. 동 사업을 추진했던 일본 당국자와 예술가에게 마음의 빚을 졌다.

한국의 반일 감정과 일본의 혐한 감정을 부추기고 이용하는 편협한 한일 정치인에게 누가 경종을 울릴 것인가? 한일 문화통신사 교류를 부활해 양 국민의 이해 증진과 신의 회복의 장을 열자. 한여름밤에 비올리스트 천황과 피아니스트 정명훈이 협연하는 꿈을 꾼다.

－《매일경제》(2021.6.5)

어릴 적 문화 사랑이
평생 간다

——————— ○

《조선왕조실록》에 의하면 세종대왕께서는 예禮와 악樂을 나라를 다스리는 근본으로 삼아 문화가 융성하고 백성들도 예의범절을 지키면서 평화롭게 살았다고 기록하고 있다. 세종께서는 좋은 음악이 예의 지름길이라고 믿어 백성과 더불어 즐기자는 '여민락與民樂'을 직접 작곡하고 박연과 함께 《악학궤범》을 편찬하기도 했다.

그로부터 6세기가 지난 이 시대의 부모들은 어린 자녀들에게 영어와 컴퓨터 등의 지식과 기능 위주의 조기교육에는 많은 관심을 갖고 있으나, 자녀들이 버스나 전철을 탈 때 줄을 서고 공공장소에서 주위 사람들에게 불쾌감을 주지 않도록 하는 기본 예의와 질서 교육에는 둔감해 보인다.

예의와 질서를 가르치고 더 나아가 어릴 때부터 문화적인 환경에 접하게 하여 문화적 감수성을 키워 간다면, 우리 사회에는 남을 배려하고 더불어 사는 따뜻한 마음을 지닌 문화 시민이 넘쳐 나게 될 것이다. 문화의 생활화가 어렵고 멀리 있는 것이 아니다. 당장 내일부터 아이들 손을 잡고 한 달에 한 번이라도 좋은 연극이나 영화 한 편을 관람하고 박물관이나 미술관·도서관을 찾아가 보자. 가끔은 음악회 티켓을 사서 신세대 음악만이 아닌 고전음악도 들을 기회를 갖게 해 보자.

어릴 때부터 키워진 문화에 대한 사랑과 다양한 문화에 대한 이해는 훗날 서로 다른 문화와 관습을 존중할 줄 아는 성숙한 세계시민으로 성장하게 하는 데 밑거름이 될 것이다.

-《조선일보》(2000.4.29)

문화 예산이
무상보육·급식의 희생양인가?

───── ○

히말라야산을 오르는 등반대는 셰르파의 요구로 잠시 휴식을 취하게 되는데, 한국 등반대는 "짜르디 짜르디(빨리빨리)"라며 재촉한다고 한다. 그러나 현지 셰르파는 아직 영혼이 따라오지 못했으니 영혼이 올 때까지 기다려야 한다며 "비스타리 비스타리(천천히 천천히)"하며 여유와 휴식을 즐긴다고 한다. 지난 수십 년 앞만 보고 달려오며 외형적 경제성장은 이뤘으나, 셰르파의 말과 같이 몸만 왔지 아직 영혼이 뒤따라오지 못한 것이 우리의 현실이다. 이제 천천히 문화적 삶과 정신적 가치를 찾아야 할 때다.

현 정부에서 문화 예술을 꽃피우고 문화·예술인의 창의적 예술 활동을 존중하는 문화 융성 시대를 열겠다는 정책은 문화의 세기에 시의적절하다고 본다. 그러나 이를 뒷받침할 문화 부문의 예산이 확보되지 못한다면 공염불에 그칠까 염려된다. 최근 부동산 세제 개편에 따라 지방세수가 대폭 줄어 일부 시·도에서 무상보육과 무상급식 예산 확보에 우선순위를 두고, 문화 부문 예산은 50% 이상 삭감하게 된다는 뉴스를 접했다. 재정이 어려워지면 문화 예산부터 대폭 삭감하려는 문화 경시 행정을 보는 것 같아 안타깝다.

문화는 사치품이나 장식품이 아니다. 국가 경쟁력을 좌우하는 중심 가치다. 문화 예술에 대한 투자는 산업 경쟁력과 일자리 창출에 기여하는 선순환 효과가 있다. 창조경제는 제품에 문화의 옷을 입히고 예술의 혼을 불어넣는 것이 핵심이다. 실리콘밸리에서 나오는 혁신 상품은 문화 90%, 기술 10%가 반영된 것이라고 한다. 문화 예술을 즐기고 향유케 하는 문화 복지는 국민의 행복 지수를 높인다. 배고픈 사람에게 당장 먹을 것을 주는 것 못지않게 문화 복지를 통해 의욕과 희망을 갖게 하는 것이 중요하다. 이는 노숙자에게 인문학 강의를 해 준 결과 삶에 대한 애착과 자립 의지가 고취됐다는 사실에서도 확인이 된다.

우리는 15세기 세종조와 18세기 영·정조 시대에 예禮와 악樂을 기본으로 하는 문화정치를 펼쳐 르네상스를 꽃피웠다. 이러한 전통을 가진 우리가 문화의 품격과 향기를 되찾으면 한 단계 높은 사회 발전과 밝은 미래를 기대할 수 있을 것이다. 우리나라는 아직도 문화 선진국에 비해 도서관·박물관·미술관·공연장 등 문화적인 인프라가 양적·질적으로 열악한 상태이다. 지자체의 발전에는 젊은 인력을 유인할 수 있는 문화·교육 인프라와 콘텐츠의 확충이 중요하다.

우리나라가 경제력만 가진 어정쩡한 중진국으로 머물 것인지 아니면 문화의 힘을 지닌 진정한 문화 선진국으로 발돋움할 것인지에 대한 선택은 문화 예술에 대한 정책 우선순위와 예산 배정에 달려 있다. 지방자치단체장은 어려운 재정 여건하에서 부문 간 적정 예산을 편성하는 지혜가 필요하다. 문화 복지가 무상보육과 무상급식을 위한 희생양이 되어서는 안 된다. 사회복지와 문화 복지의 균형을 유지하는 것이 문화 선진국으로 가는 길이다. 오늘의 허기를 채우기 위해 씨감자마저 먹어 치우는 우愚를 범하지 않기 바란다.

-《조선일보》(2013.9.27)

철새가
밥 먹여 주나?

──────── ○

문화유산 우리에게 무엇인가

새즈믄해(새천년의 고어)가 밝았다. 새로운 천년의 시작의
해에 우리는 생명 존중과 지식 창조의 세계화와 정보화를 꿈꾼
다. 하지만 우리에게 먼 미래는, 오늘을 어떻게 꾸려 나가고, 인
류의 지난 역사에서 무엇을 이어 가야 하느냐는 차분한 뒤돌아
봄에서 예측될 것 같다. 우리에게 과거의 역사는 늘 묻혀 있는
매장 문화재를 발굴해 내는 데만 있는 것이 아니다.

지난 역사의 꽃인 문화유산Cultural Heritage을 통해 진보와
발전을 배우고 문화재Cultural Properties를 단순한 보존과 관리가
아닌 문화적 자원으로 관리하고 활용한다는 인식의 변화가 필
요하다. 나는 어디에서 왔으며, 누구이며, 어디로 가는지… 나
와 너의 간극을 메꿔 주고 정체성을 확인시켜 주는 공동체 의
식이 우리의 문화유산에 스며 있다.

문화유산은 우리 겨레의 삶의 예지와 숨결이 깃들여 있
는 소중한 보배이자 인류 문화의 자산이다. 우리 민족의 공동

체적인 정체성을 확인시켜 주는 최고의 정신적 가치를 지니고 있으며 인류의 역사는 유·무형의 문화재를 통하여 과거의 문화적 상황을 조명하고 미래의 문화적 환경을 예견하고 창조하는 가치와 규범 체계를 제시한다. 하지만 인류의 역사와 함께 창조돼 온 문화재가 천재지변과 자연환경의 변화, 경제개발에 따른 훼손으로 멸실되고, 개발에 눈이 어두운 단 한 번의 삽질과 공사로 소멸의 길이 가속화되고 있다. 인류의 문화재 보호와 보존에 대한 무관심과 잘못된 가치관이 문화유산을 빈곤화시켜 가고 있다.

개발과 성장의 논리는 산업화 시대의 산물로 물신숭배와 자본 만능주의에 가려 인간다운 삶의 질을 고양하기보다는 당대에 모든 것을 소비하고 후손에게 우리가 가꾸어 온 오랜 역사 속에 녹아 있는 우리 민족문화의 정수이자 그 바탕을 내버리게 만들고 있다.

1987년 리우데자네이루 회의에서 채택한 전 지구적 차원에서의 지속 가능한 개발Sustainable Development을 전제로 한 환경 보전과 보호의 어젠다는 문화유산 보호에도 반드시 적용되어야 할 최대 화두로 떠오르고 있다. 개발은 하되 문화유산을 지키고 발전을 지향하는 상생의 전략이 새천년을 맞는 지구촌의 공동선으로 제시되고 있다.

지속 가능한 개발과 맞물린 문화재의 보존은 반드시 문화재를 사랑하는 국민들의 마음에서부터 우러나오고 경제적·

과학적·기술적인 보전 수단이 적극적으로 강구되고 이를 뒷받침할 수 있는 법적·제도적 장치와 정책이 뒤따라야 가능하다. 산술적인 경제 효과 거두기식의 관광자원화 논리도 문화재 보호에 있어서는 경제 효과 위주의 개발만큼이나 위험한 요소임을 간과해서는 안 될 것이다.

문화유산 보전의 걸림돌

실크로드의 세계적 문화유산인 중국 둔황敦煌의 천불동千佛洞은 20세기 초 스벤 헤딘, 오렐 스타인, 랭던 위너, 폴 펠리오 등의 발굴과 수집으로 세계에 알려진 후 서양인들의 탐사 명목의 약탈장이 되다시피 했다. 문화 유적 초기 발견이 국가의 방치 시에 어떻게 되는지를 보여 주는 사례다. 하지만 중국 정부는 이미 1920년대부터 외국 고고학자들의 무분별한 도굴과 약탈로부터 석굴을 보호하기 위해 둔황 탐사를 전면 금지했다.

그러나 보전은 쉽지 않았다. 관광자원 개발이 지속되자 풍화와 침식, 모래바람 등 자연환경과 관광객들의 증가로 인한 훼손이 석굴 보전을 위태롭게 하고 말았다. 1987년 유네스코가 세계 문화 440개를 지정하면서 중국의 둔황 석굴을 포함시키자 중국 정부는 미국의 게티연구소와 손잡고 길이 5km의 바람막이로 모래로부터 석굴을 보호하는 울타리를 만들고 태양열 기상 장치, 석굴 근처에 10여 개의 박물관을 지어 전시함으로써 관광객으로부터 훼손도 막고 있다. 고고학이 과학과 손잡고 정부의 문화 보전정책으로 문화유산 보전에 성공한 경우이다. 우리에게는 아직도 부러운 이야기다.

우리나라의 경우, 전국의 문화재 가운데 국가 지정은 관리나 보전이 유지되고 있지만 시·도 지정 및 비지정 문화재, 유적지 등은 방치된 채 훼손되고 있다. 지방자치단체의 관심 부족과 무분별한 개발, 제도적 미비 때문이다. 더구나 요즘은 문화 유적지를 관광자원화를 명분으로 마구잡이로 파헤치고 있기 때문에 자치단체나 공공 기관 담당자들의 문화재에 대한 새로운 가치 정립이 필요할 정도다.

우리나라 문화재는 2000년 8월 현재 국가 지정 2,810건, 시·도 지정 3,882건, 문화재 자료 1,733건 등 모두 8,425건이다. 그중 시·도 지정 문화재와 유적지 등은 개발과 도굴, 관리 소홀로 훼손이 심각한 형편이다.

지난 5월 경주시 황동면 작동마을 뒷산에서 신라 때로 추정되는 고분 50여 기가 도굴되었고 충북 괴산군 증평읍 남하리 미륵석불입상과 관음보살상 3구는 얼굴의 형태를 알아보기 어려운 형편이다. 서울의 경우도 비지정 문화재인 배재학당과 윤보선가(서울시문화재 27호)가 주변에 높은 건물이 들어서 경관이 훼손되었다. 경주 남산 소나무도 1999년 12월 유적 보호를 이유로 무수히 잘려 나갔다. '소나무가 산사태를 막고 햇빛으로부터 문화 유적을 보호해 주기 때문에 베어서는 안 된다.'는 시민들의 비판이 많았지만 벌목은 진행되었다.

경북 안동시 서후면 광흥사 응진전 내 삼존불과 나한상 등 40구의 불교 유적이 파괴됐고, 경기 시흥시 오이도 패총은 서해 일대의 대표적 패총이지만 해안 일주도로를 개발하면서 파헤쳐졌고 서울대는 신석기시대 주거지의 패가총, 빗살무늬 토기편 등의 출토를 확인했다. 강원도 인제군 북면 용대리 봉정암은 사찰이 헬기장을 만들려고 암자 뒤편 나무를 베고 숲을 훼손했다.

백제 무왕의 탄생 설화가 전해져 오고 백제의 궁중 연회장인 망해루가 있을 것으로 추정되어 오던 충남 화지산은 부여군이 대규모 위락 공원을 만들기 위해 수십 년생 소나무를 베고 수백 평의 부지를 조성했다. 반대 여론이 거세자 부여군은 긴급 구제 발굴을 실시하고 관청 터와 백제 기와, 토기 등이 대량 출토되자 공원 계획을 백지화하고 화지산 보존에 나섰다.

개발이 불러온 불가피한 상황일지라도 먼 안목으로 개발 이익 이상의 정신적인 가치를 후손에게 물려주겠다는 주민들과 지자체의 담당자들, 정책 결정자들의 바른 판단이 절실하다.

최근 수해 방지 공사 중 경기 연천군 구·신석기 유적이 파헤쳐졌고, 이곳은 몇 년 전부터 신석기·청동기·삼국시대로 추정되는 석기 및 토기가 다량으로 발견된 곳이라 더욱 안타깝게 여겨진다. 개발에 밀려 돌이킬 수 없는 훼손이 일어난 것이다. 서울 강동구 암사동에서는 선사 유적지를 비롯, 몽촌토성, 풍납토성, 천호동 일대의 빗살무늬토기와 원시 맷돌 등 유물

810여 점을 도굴, 불구속 입건된 양 모 씨가 '마치 놀이터처럼 되어 있고 아무도 관리하지 않아 그냥 발굴했다.'고 경찰 조사에서 밝혔다고 한다. 관리 부실의 현주소를 그대로 보여 주는 사례로 비판을 받고 있다.

문화재로 등록되지 않은 비지정 문화재의 훼손도 심각하다. 보존 가치가 있는 건물, 유적지 경관 등은 파악조차 되어 있지 않다. 현행법상 문화 유적을 포괄적으로 보호할 수 있는 법적 장치가 없기 때문이다. 그렇기 때문에 민선 지자체 시행 이후 문화재를 보존의 방향보다는 관광자원으로 서둘러 개발해 개발 이익을 얻으려는 경향도 늘고 있다. 지자체가 문화재 훼손에 앞장선다는 비판도 듣는 실정이다.

문화재 보존과 개발의 갈등은 앞으로 더욱 심해질 것이다. 도시 개발과 산업화, 환경오염, 전쟁, 관광을 위한 무계획적인 개발은 예술품이나 조각품 혹은 문화적·자연적 유적을 가리지 않고 우리 문화유산을 위협하는 요소로 작용하고 있다. 따라서 동원 가능한 모든 전통적 기술 자원과 새로운 과학기술로 위험에 빠진 문화유산에 새로운 생명력을 부여하고 보존시키기 위하여 활용해야 한다.

새뮤얼 헌팅턴은 《문명의 충돌》에서 "문화는 과거의 이념이나 경제를 초월하여 세계 질서를 좌우하는 중요한 요소"라고 역설했고, 미래학자 피터 드러커는 "문화는 국가 경쟁의 최후의 승부처"라고 단언한다. 1998년 출범한 국민의 정부의 문화정책 역시 "관광산업, 영상산업, 문화상품은 부의 보고"라고 보고 1999년도 국정의 주요 지표로 "문화 창달과 관광 진흥"을 설정한 바 있다. 21세기를 문명사적 전환기로 보고 정부는 문화 복지국가 10대 중점 과제로서 21세기 문화 국가 실현을 위한 정책 기반 구축, 문화시설의 확충과 운영 개선, 지식정보화 사회에 대비한 기반 조성, 창조적 예술 활동을 위한 여건 조성, 문화 복지의 실질적 구현을 통한 삶의 질 향상, 문화 정체성을 바탕으로 한 보편적인 세계주의 지향 등을 들고 있다.

이 중 문화유산을 둘러싼 함의는 '문명화된 세계화'로 표현되는 민족문화 정통성과 문화재 보존으로 나타나고 있다. 1998년 4월 스웨덴에서 열린 유네스코 스톡홀름 회의에서 주창된 '문명화된 세계화'는 다양한 민족 특성을 추구하면서 민족적 정체성을 확보하는 것을 의미한다. 인터넷의 상용화로 인한 세계화와 정보화의 속도가 빨라지면서 범세계적, 혹은 선진국 위주의 단일 문화권으로 유입을 우려하는 목소리도 높다. 하지만 세계인의 신념과 가치 체계를 단일화하는 것은 있을 수 없는 일이며, 각 민족 고유의 자랑스런 유산을 계승, 발전하는 작업이 정부는 물론 민간에서도 중점적으로 이뤄져야 한다. 과거 일제 침략기의 상처가 우리 민족에게 남아 있고 글로벌라이제이션의 화두 역시 고유성을 외면하고서는 국가와 민족의 미래를 발전시킬 수 없다는 경계가 있어야 할 것이다.

을숙도를 찾은 겨울 철새들 ©부산 사하구 문화관광과

을숙도 철새는 밥 먹여 준다

문화유산 보전과 관련 우리나라의 문화정책의 역사는 길지 않다. 문화재 관리정책은 1945년 광복 이후부터 1961년 문화재관리국이 설립될 때까지 일본의 1933년 '조선 보물·고적·명승·천연기념물 보존령'을 참고하였다. 1970년대 (1972~1976)에는 128억 원을 투입한 '문화재보존관리 5개년 계획', 청주 13개 사적 지구 정비 등으로 문화재 관리의 기틀을 잡았다. 1980년대는 유네스코 산하 세계유산위원회 이사국 진출, 세계 문화 및 자연유산의 보호에 관한 협약 가입(1988) 등으로 과거 단일 문화재 보존 차원을 탈피한 문화재 경관Cultural Landscape과 환경을 종합, 확대 보존하는 시기였다. 1990년대에는 경복궁 원형 정비 사업으로 1990년부터 2009년까지 1,789억 원을 투입하여 대역사大役事를 진행하고 있다.

특히 1995년 불국사 석굴암, 해인사 장경판전, 종묘가 유네스코 세계문화유산으로 지정되었다. 1997년에는 수원 화성, 창덕궁이 등재되어 국제사회에 한국의 위상을 제고했다. 이는 우리의 문화재가 온 인류와 함께 공유하는 문화재로서의 위치를 굳게 다졌음을 의미한다.

그러나 정책의 우선순위를 결정할 때 문화재정책 결정자가 부닥치는 문제가 많다. 문화와 문화재 보전의 논리는 번번이 개발 우선의 논리에 밀리기 쉽다. 수년 전 낙동강의 천연기념물 보호지역인 을숙도 철새 도래지를 둘러싸고 교량 및 체육시설 조성을 계획한 지자체와 의견이 대립되어 결국 '철새가 밥 먹여 주느냐.'는 개발 우선주의 경제 논리에 부닥친 사례도 있다. 을숙도에 철새가 찾아온다는 것은 결국 환경이 살아 있다는 것이고 그 지역 주민의 건강과 삶의 질이 보장받는다는 자명한 이치도 경제개발의 논리와 양립하기가 어려웠던 것이다.

1996년의 경주 도심 통과 고속전철 계획을 문화재 보호를 이유로 철회시킨 일은 아직도 기억이 생생하다. 김유신 장군의 능 400m 앞을 고속철이 3분마다 통과, 태종무열왕릉 등 수백 기의 왕릉을 지나고 선도산과 장산, 망산을 지나 남산 앞에 역사를 짓는다고 생각해 보라. 2000년 고도古都이자 오악삼천五岳三川의 경주는 지역 주민의 자랑이기에 앞서 세계적으로 보호받고 자랑할 만한 도시이다. 편리함과 경제 효과를 이유로 고즈넉한 분위기의 세계 문화 유적지 경주를 어떤 매장 문화재가 천년의 세월을 넘어 잠들고 있는지도 모르는 채 고속철도 공사로 파헤치며 파괴할 이유가 없는 것이다. 오히려 경주는 치밀한 문화재 보존 방법과 정책으로 가꿔 나가야 할 세계적 문화유산인 것이다. 이는 문화행정인으로 일해 온 그간의 경험에 비추어 신라의 숨결을 경마장이 아닌 문화유산 보존과 정비로도 얼마든지 되살릴 수 있을 것이란 확신이 있기 때문이다. 문화유산은 한번 잘못 손을 대면 영원히 회복 불가능하기 때문에 눈앞의 개발 논리 이전에 차분한 점검이 더욱 요구된다.

'문화재 보호와 개발정책' 상생의 길 찾기

지난 50년간 우리나라는 성장 위주의 개발정책을 펼쳐왔다. 그러한 정부의 노력과 온 국민의 피와 땀이 오늘의 우리를 만든 것이 사실이다. 너무 성장에 바빠 지난 반세기 우리를 울리고 웃기던 국도극장이 헐리는데도 신문을 보고 알 정도로 우리는 우리의 문화재를 만들어 가고 추억을 가꾸는 데 인색했다. 새만금 개발의 문제도 국가 백년대계의 안목을 갖고 결정해야 할 아킬레스건이다. 갯벌은 살아 있는 생태계의 바로미터이기 때문에 자연환경을 인위적으로 거스르는 일에도 신중한 정책적 검토가 필요하기 때문이다.

그러면 국민들은 물론 정부나 해당 지자체의 개발 요구

와 맞물린 문화재 보존 간의 갈등을 풀 실질적인 해법은 없는 것일까? 하남시 위례성의 사적지 선정 등에서 보듯 뒤늦게 소 잃고 외양간 고치는 식이 되지 않기 위해 문화행정을 해 온 담당자로서 부끄러움과 함께 몇 가지 대안을 세시히고자 한다.

첫째, 문화유산 보전에 있어 가장 중요한 것은 국민들의 문화유산에 대한 사랑과 자부심 함양이다. 이는 정부나 시민단체들의 계도만으로는 안 된다. 어려서부터 문화를 사랑하고 아끼며 가꿀 줄 아는 교육과 전문 인력을 키워야 한다. 고고학계는 물론, 지역 주민, 민간 전문 단체와의 연대와 교류, 평가도 확대되어야 한다. 문화유산을 가꾸는 것이 정부만의 할 일이 아니라 지역 주민들과 온 국민이 함께 공감하는 문화 의식으로 자리 잡도록 해야 한다. 우리 국민 정서에는 땅에 대한 각별한 애착이 자리 잡고 있지만 땅속 자원인 문화재에서 만큼은 '공공 소유'라는 열린 의식을 사회와 정부가 계도해 나가야 할 것이다.

둘째, 정부의 문화재정책은 종합적이고 과학적이며 창조적 시각에서 유적의 조사 계획, 조직, 방향 설정, 용역에 의한 발굴, 여러 파괴 요인으로부터 보호를 위한 목적으로 행해지는 다양한 활동과 유적의 보호 운동 전개와 문화재 관련법의 보완 등을 위한 법과 제도를 먼저 마련하고 문화재 과학 보존 전문가의 양성에 힘써야 할 것이다. 1962년에 제정된 문화재보호법과 1987년에 제정된 전통사찰보전법, 1962년에 제정된 향교재산법의 법규 재정비와 제정이 필요하다. 풍납토성 사건에서 보

여 준 바 있는 개인의 재산권 침해를 최소화하도록 법을 보완
하는 것도 시급한 과제다. 현행법이 최소한의 보상만 해 준다
고 생각하는 주민들의 경우, 매장 문화재의 보존과 관련, 개인
이든 단체이든 문화재만 나오면 이를 은폐하고 공사를 강행하
는 등 부작용이 많기 때문이다. 또한 현행 문화재보호법의 '경
관 규정'도 매장·유형 문화재를 기준으로 하다 보니 천연기념
물 가운데 조류, 포유류 등에는 적용이 어려운 점이 있어 가칭
고도古都보존법 등 법의 제정 및 개정이 요구된다.

　셋째, 고속철도나 새만금 개발과 같은 대규모 개발 시에
는 계획 단계부터 문화재 위원들이 해당 계획 위원회에 들어가
서 의견을 내고 반드시 이를 제도화·법제화하여 무분별한 개
발을 조정할 수 있어야 한다. 또한 문화재청과 문화재위원회,
과학적 발굴을 위한 전문 기구의 공공성이 강조되어야 한다. 이
들의 활동을 뒷받침해 줄 정책적 일관성과 투명성이 요청된다.

　넷째, 개발 우선 논리에 밀려 문화재가 일단 훼손되고 마
는 현실을 감안한다면 '보호를 위해 먼저 훼손해야 하는 문화
재정책의 논리적 모순'이라는 비판에 대해서도 귀담아 들을 필
요가 있다. 이는 정책을 시행할 예산의 미비에도 그 원인이 있
기 때문에 정부의 정책 우선순위에서 문화 분야에 대한 자원
배분 비율을 높여야 할 것이다. 또한 문화유산의 과학적·체계
적 보존과 전승을 위하여 전국 사적지와 전통 건조물 등 주요
문화재에 대한 일제 점검을 실시하고 백제·가야, 중원, 다도해,

안동·영주, 강화 등등 권역별로 중·장기적인 유적 종합 정비 계획을 수립하여야 할 것이다. 이를 위한 국가정책 우선순위와 자원의 배분 계획의 획기적인 변화와 조정이 필요하다고 본다. 문화유산은 결국 문화관광과 접목하여 문화자원Cultural Resources 이 되기 때문이다.

다섯째, 시민운동으로서 '내셔널트러스트National Trust 운동'이 필요하다고 본다. 1895년 영국에서 시작된 이 운동은 문화유산 대상지의 무분별한 개발을 막기 위해 시민들의 성금을 모아 구입하고 공공신탁하여 자연환경과 조화를 이루는 방식이다. 경주와 부여 왕릉, 보존지구나 풍납토성 등에 적용될 수 있다. 환경적, 역사적, 문화적, 사회적으로 가치가 있는 자원을 영구 보전하여 후손에게 물려주고 현 세대도 제한적으로 이용할 수 있도록 하는 방법이다. 정부는 시민들의 참여와 연대를 통한 이 운동을 자연 자원 및 역사 문화 자원의 보전을 위한 공공목적 사업으로 보고 설립을 지원해야 할 것이다. 50년 이상 된 극장이나 문인, 예술인의 생가 등을 매입하여 근대 문화유산의 멸실에 대비하고 19세기의 항구, 역사, 등대, 염전 등 산업시설도 광의의 문화유산으로 보존·관리되어야 할 것이다.

여섯째, 문화재 훼손 사범의 경우 처벌의 강화도 필요하다. 문화재관리국 집계에 따르면 1991년부터 1995년 문화재 사범 선고 형량이 법 위반자 1,365명 가운데 45.5%인 622명이 벌금형을 받았고, 41%인 561명이 집행유예, 1년 이하 징역은

8.8%인 120명으로 전체의 94.9%가 관대한 처분을 받았다. 후손에게 물려줄 우리 민족의 유산을 훼손하는 행위는 우리에게 맡겨 둔 후손의 행복을 빼앗는 범죄 행위다.

헨리 데이비드 소로는 환경 보존의 명저 《월든》에서 이렇게 말한다. "우리들 가운데는 7년 가는 옴 때문에 고생한 사람은 있어도 17년 사는 매미를 본 사람은 없다. 우리는 우리가 사는 겉껍질만 보고 산다. 지면에서 6피트 아래 땅을 파 본 적도 없고 공중으로 6피트를 뛰어올라 본 적도 없다. 그러나 우리 안의 생명은 강물과도 같다. 우리가 사는 이곳은 항상 마른땅이 아니었다. 60년 동안 놓여 있던 사과나무로 만든 식탁에서 애벌레로 있던 곤충이 나무를 갉아 먹고 아름답고 생명력 넘치는 곤충이 되어 나왔다는 이야기를 듣고 나는 불멸과 부활의 신비를 느꼈다." 우리가 개발과 발전 논리로 잃어 버린 것들을 더 이상 잃어 버리지 않도록 일깨워 주는 것, 지속 가능한 개발만으로 후손에게 선조와 민족과 인류를 위한 선물을 안기는 것, 마치 스탠리 큐브릭의 〈2001 스페이스 오디세이〉에서 보여 주는 인류의 창조와 진화의 수수께끼를 푸는 유일한 열쇠를 우리가 문화유산 속에 지니고 있어 그 암호를 자손에게 넘겨주는 장엄한 임무를 우리 생에 실현하고 가야 하지 않을까.

- 문화재관리국 연구보고서 일부 인용 · 참조, 《4월의 소리》(사단법인 4월회, 2000년 9월호, 통권 37호)

신수도 건설 때
백제 왕도王都 보존되나

———————— ○

수도 이전과 관련해 많은 토론이 이루어지고 있으나, 문화적 측면에서의 검토와 논란은 거의 없는 것 같다. 신행정수도건설 추진위원회에서는 문화재 보존 관점에서 충분히 검토한 후에 신수도 예정지를 선정하였는지, 그리고 문화재 행정 당국에서는 해당 지역에 대한 지표 조사와 시범 발굴 등 사전 연구가 이루어졌는지 무척 궁금하다.

수도 이전 예정지인 연기·공주권은 백제 문화의 꽃을 피운 왕도王都였던 공주 지역과 상당 부분 중첩되고 있어, 백제 왕도의 보존과 신수도 건설이 양립될 수 있는 것인지에 대한 심각한 고민이 있어야 한다. 이 왕경王京 지역의 땅속에는 수많은 왕궁과 사찰 터, 도로, 주택, 유물 등이 1000년의 세월을 넘어 잠들어 있을 가능성이 크기 때문이다.

또한 우리나라는 유네스코의 세계 문화 및 자연 유산 보호에 관한 협약에 가입하여, 과거 단일 문화재 보존 차원을 넘어 문화재 경관과 자연환경을 종합적으로 살린 문화 유적지를 보존해야 할 의무도 있다. 우리나라는 5000년 역사와 문화를 자랑하고 있으나 그에 걸맞은 문화 유적, 건축물, 유물이 많이 남아 있지 않고 백제의 경우 더욱 심각한 실정이다.

신수도 예정지 2,000여만 평은 거의 전 지역에 대한 문화재 지표 조사와 발굴 사업이 필요하고, 이에는 최소한 10년 이상의 긴 시간이 소요될 것으로 보인다. 신수도추진위원회는 최종 입지 지정·고시와 신도시 계획 설계 이전에 표본적인 문화재 지표 조사라도 선행시켜 백제 왕도와 매장 문화재를 보호하려는 모습을 보여 주어야 할 것이다.

20세기 후반 최대의 고고학적인 발견인 백제 무령왕릉도 공주시의 먼 외곽인 송산리 구릉지역의 배수로 공사 중에 우연히 발견된 바 있음을 유념해야 할 것이다. 그동안 문화재 보호에 대한 사전 검토와 대책 없이 추진된 국책 사업들이 많은 예산과 시간을 낭비한 후 중단된 사례도 적지 않다.

경주 도심 통과 고속철도 계획이 1000년 고도의 역사·문화·환경과 자연경관을 지키려는 시민단체들의 반대로 1996년 철회된 일은 아직도 기억이 생생하다. 또한 경주 외곽에 29만 평의 경마장을 건설하려던 계획도 6년에 걸친 문화재 지표·발굴 조사 후에 중요 유적 및 유물이 발굴되어 그 90% 이상이 사적지로 지정되어 백지화된 것이 불과 3년 전 일이다.

문화 선진국에서는 고도古都보존법을 제정하여 옛 문화도시를 보존, 복원하고 있다. 프랑스의 경우 문화 유적이 보이는 500m 이내에는 고속철도를 건설할 수 없도록 법제화하고 있을 정도다. 먼 훗날 혹시라도 1000년 고도를 훼손했다는 비난을 받지 않고, 본격적인 사업 추진 중에 뜻밖의 문화적 장애에 봉착하는 일이 없도록, 이제라도 백제와 신라의 왕도 지역에 대한 고도보존법의 제정을 검토해야 한다. "문화는 국가 경쟁의 최후의 승리"라는 미래학자 피터 드러커의 말을 새삼 되새겨 본다.

- 《조선일보》(2004.8.16)

제5부

흙의 울음소리 &
노블레스 오블리주

천년의 문 & 태극기

천상의 음악
아기 울음소리

———— ○

갓난아기 울음소리를 듣기 힘든 나라다. 한국은 작년 합계출산율 0.92명으로 전 세계 198개국 중 꼴찌였다. 경제협력개발기구OECD 37개 회원국 평균 합계출산율 1.63명에도 크게 밑도는 유일한 1.0명 이하 저출산 국가다. 저출산 인구 재앙이 국가 존망의 정책 과제가 됐다. 2030세대의 '헬조선 증후군' 치유가 관건이 아닐까. 지난 13년간 결혼이민자와 이주노동자의 한국 정착을 돕는 웅진재단 사회 공헌 사업을 펼치며 필자는 인구 문제에 관심을 갖게 됐다.

한국은 1983년 이미 합계출산율이 인구 대체 수준인 2.1명으로 떨어졌으나 "하나씩만 낳아도 삼천리는 초만원"이라면서 인구 억제정책을 1995년까지 강하게 추진했다. 가임 여성 피임과 예비군 정관수술을 권유하고, 셋째 자녀부터 가족수당을 지급하지 않는 가족계획사업을 실시했다. 신생아는 1970년 100만 명, 1990년 65만 명, 2010년 47만 명, 2019년 30만 3,000명이 태어나 기하급수적으로 감소하고 있다. 올해는 출산율이

0.8명대로 떨어지고 신생아는 겨우 28만 명 정도 태어난다고 한다. 통계청 인구 추계보다 훨씬 가파른 출산 감소 추세가 지속돼 수 세기 내에 한국인이 소멸될까 두렵다. 인구를 대폭 줄여 쾌적한 복지국가를 만들고 일은 로봇이 하면 된다던 정책 당국자와 인구학자들은 지금 어디에서 무슨 생각을 하고 있을까.

정부는 1996년에야 인구 증대정책으로 전환하고 지난 10년간 209조 원이라는 천문학적 예산을 퍼부었으나 출산율과 신생아 수는 격감하고 있다. 만시지탄이다. 2016년까지 인구 보너스 기간 혜택을 누렸으나 2017년부터 15~64세인 생산 활동 인구가 줄기 시작해 2020년대에는 연평균 33만 명, 2030년대에는 연평균 52만 명이 감소할 것으로 예측하고 있다. 올해 첫 총인구 감소도 확실시되는 상황에서 향후 어떤 일이 벌어질까.

전국 초·중·고교와 대학이 학생 수 감소로 30년 내에 거의 절반이 폐교돼 교사와 교수는 일자리를 잃고 사회 활력이 떨어지게 된다. 나라를 지킬 병력 자원이 크게 줄어 군 복무 기간을 늘리거나 외국 용병에게 의지하는 상황이 올 수 있다. 경제활동 유입 인구가 기하급수적으로 줄기 시작하면 경제성장 동력은 상상할 수 없을 정도로 쇠퇴할 수 있다.

일자리다운 청년 일자리가 줄어들수록, 아파트값이 천정부지로 오를수록 결혼과 출산율이 낮아질 수밖에 없다. 취업·결혼·주택난 등으로 고통받고 있는 '5포 세대' 청년의 아픔과 절망을 따뜻하게 보듬는 포용정책을 펴야 한다. 기업을 신바람

나게 해 좋은 청년 일자리를 창출하고 젊은 세대의 둥지 마련을 돕는 장기 주택 모기지론을 확대하자. 우리보다 부자인 홍콩, 싱가포르 가정이 외국인 입주 보모를 월 80만 원 수준에 고용하는 제도를 도입해 우리 워킹맘의 양육비 부담을 낮추는 방안을 연구하자.

출산율을 높이려는 노력은 지속돼야 하나 가까운 미래에 출산율 증가는 기대하기 어렵다. 저출산 고령화 시대에 대한민국 생존을 위해 이민 확대가 살길이다. 이민자의 높은 출산율에 힘입어 2018년 미국은 1.73명, 프랑스는 1.88명의 합계출산율을 유지하고 있다. 합계출산율 1.74명인 오스트레일리아는 백호주의를 포기했고, 매년 총인구 1%인 이민자 22만 명을 받아들이고 합계출산율 1.42명인 일본도 5년 내 외국인 노동자 34만 명을 수용한다고 발표해 사실상 이민 국가로 전환했다.

한국은 한류문화의 거센 물결로 수천만 K-팝 세계 팬덤의 로망이고, 코로나19 환란 중에 보건 의료 선진국으로 평가받고 있다. 세계 10위권 경제 대국으로 치안이 보장돼 밤중에도 여성들이 안전하게 다닐 수 있는 매력적인 나라다. 더 늦기 전에 외국 우수 인재를 유치하는 성공 이민 프로그램을 만들자. 유럽의 이민자 종교 갈등을 타산지석으로 삼아 문화적 측면이 고려된 중·장기 이민정책을 수립해야 한다.

-《매일경제》(2020.12.12)

상하이
임정 청사

───────── ○

올해(2019년)는 대한민국 임시정부 수립 100주년이다. 1988년 늦가을 이현희 성신여대 교수가 필자의 문화공보부 사무실로 찾아왔다. 그는 최근 상하이를 다녀왔다면서 황푸구 마당로에 있는 임시정부 청사가 도시 재개발 계획으로 헐리게 된다고 한탄했다. 헌법 전문에 "대한민국은 3·1운동으로 건립된 대한민국 임시정부의 법통을 계승한다."라고 되어 있다. 우리나라 법통이자 요람인 상하이 임정 청사가 사라진다는 것이다. 이 사실을 장관에게 보고하고 안춘생 독립기념관 관장에게 민간 학술조사단을 구성하여 현지 조사와 청사 보존 방안을 중국 측과 협의하도록 요청했다. 안 관장은 안중근 의사의 당질로 광복군 지대장을 지낸 분이고 서울올림픽 이후 한국에 대한 중국인 인식이 개선되어 협상에 도움이 되었다. 상하이시 당국은 처음에는 쇠락한 동 지구를 재개발할 계획이니 청사를 한국으로 옮겨 독립기념관에 복원하는 방안을 제시했다. 그러나 우리는 역사·문화 유적은 원래 현장에 있을 때 의미가 크다면서 임정 청

상하이 임정 청사 ©연합뉴스

사 보존을 중국 측에 재촉구하였다.

오랜 협상 끝에 중국 측은 이곳을 역사 유적지로 지정하고 재개발 계획을 변경하되 그 건물에 살고 있는 주민의 이주 대책 비용과 복원 비용을 한국에서 부담할 것을 요청했다. 상하이 임정 청사가 사라질 뻔한 위기를 넘겼다. 문제는 시간과 돈이었다. 정부 예산 확보에는 절대 시간이 필요하고 한중 미수교 관계를 고려하여 민간 베이스로 추진하는 것이 적절하다고 판단했다. 이러한 상황을 알게 된 삼성그룹 이건희 회장은 복원 비용을 흔쾌히 부담하고 복원 사업에 참여했다.

3년간 고증과 보수공사를 거쳐 1926~1932년 사용된 상하이 임정 청사가 당시 모습으로 복원되었다. 이는 대한민국이 임시정부의 법통을 잇고 정체성을 확립하는 데 기여한 것으로 생각한다. 그 후 동 청사를 방문할 때마다 협소하고 초라한 3층 청사 겸 주거 공간에서 풍찬노숙하며 독립 투쟁하던 임정 요원들의 애국 정신에 숙연해지곤 했다. 특히 1층 회의실에 걸린 커다란 태극기를 처음 본 순간의 감동을 지금도 잊을 수 없다. 이 청사는 그동안 한국인 300만 명이 찾는 역사 교육 성지가 되었다. 이제라도 1919~1925년 사용했던 첫 임정 청사도 찾아 복원하는 게 좋겠다. 독립운동 유적지 청소년 순례단 같은 의미 있는 100주년 기념사업으로 순국선열의 독립 정신과 민족혼을 되새기는 해가 되길 바란다. 음수사원飮水思源, 물을 마실 때 물의 수원水源을 생각해야 한다.

－《매일경제》(2019.1.14)

대선 후보들이 배워야 할
세종의 용인술

─────────── ○

15일은 세종대왕 탄신 620돌. 세종은 문화의 힘을 알고 예·악 중심의 문화정치를 펼쳤다. 그는 문화적 식견과 표준을 갖춘 언어학자, 음운학자, 작곡가이다. 말과 글이 문화의 기본이라는 것을 인식하여 백성들이 우리말과 글을 쉽게 쓸 수 있도록 훈민정음을 창제하는 한편 음악의 힘을 중시하여 박연으로 하여금 음악을 정리하고 표준화하게 하는 등 15세기 조선에 찬란한 문치의 시대를 열었다. 오늘날 문화창조, 문화융성 등 문화정책은 구호에 치우친 감이 있다. 문화는 사치품이나 장식품이 아니고 국가 경쟁력을 좌우하는 중심 가치다. 이 시대의 정치 지도자는 세종의 문화주의 정치철학을 오늘에 되살려야 한다.

세종은 애민 정신을 바탕으로 백성의 삶의 질을 향상시키는 민본정치를 우선시했다. 세종은 전제·세제를 실시하기 전에 공법貢法안에 대해 300명의 암행어사로 하여금 조선 팔도의 수령, 품관, 촌민 17만 3,000명을 대상으로 여론조사를 실시하게 했다. 9만 8,000명 찬성, 7만 4,000명 반대로, 찬성이 더 많은 여론조사 결과가 나왔음에도 이 법안을 폐기시켰다. 그 이후 집현전, 전제상정소에서 수년에 걸쳐 반대 의견도 수렴, 보완하여 시행함으로써 백성들의 삶이 넉넉해지고 왕실 재정도 튼튼해졌다.

한편 백성들이 예와 도를 알 수 있도록 《삼강행실도》를 만들었는데, 그중에 조선 왕조 창업에 반대한 고려 왕조의 충신인 정몽주와 길재도 기리게 했다. 이 시대 정치인들은 세종의 통합철학을 본받아 좌우, 보수·진보, 영남·호남 등 편 가르기로 찢어진 국민을 통합하는 정치를 펼쳐야 한다.

세종은 신분, 당파를 초월해 뛰어난 인재를 널리 구하여 그들을 신뢰하고 적극 밀어주는 용인정치를 실천했다. 지도자 덕목의 으뜸은 용인술이다. 황희, 맹사성 등 명정승을 발탁했고 관노 신분의 장영실을 궁으로 불러들여 종3품까지 올려 주고 이천, 이순지, 신희 등과 함께 20여 년간 과학 진흥에 전념케 하여 당대 세계 최고 수준의 과학 문명을 꽃피웠다.

이 시대는 과거의 틀이 새로운 패러다임으로 전환되는 문명의 대전환기이다. 이에 능동적으로 대처하기 위해서 이 시대의 정치 지도자는 세종의 용인술을 본받아 대선 캠프, 폴리페서 중심의 편협한 인재 등용의 관행을 깨야 한다.

또한 세종은 왜구와 여진족의 침탈에 수세적인 방어가 아닌 선제적이고 공세적인 안보정치에 힘써 평화 시대를 열었다. 힘으로 평화를 지킨 세종의 안보정치 리더십을 이 시대 정치인은 배워야 하지 않을까. 세종대왕의 정치 리더십을 오늘에 되살려 소통과 통합의 정신으로 문화정치, 민본정치, 용인정치, 안보정치를 펼칠 수 있는 대한민국 대통령의 탄생을 기대해 본다.

- 《동아일보》(2017.5.4)

세종의 거안사위 居安思危 를 생각한다

──────── ○

10월 9일은 한글날, 1446년 세종께서 훈민정음을 반포한 날이다. 우리가 한국인으로서 당당하게 살 수 있게 해 주신 세종의 은덕을 기리는 날이다. 과학적인 한글은 한국을 정보기술IT 강국으로 우뚝 서게 했다. 외국인 수백만 명이 한국어를 배우려고 줄 서고 지구촌 곳곳에서 수천만 명 청소년들이 한글 가사 K-팝을 떼창하고 있다.

내년(2022년) 5월 15일은 세종대왕 탄신 625주년이다. 문화 황금 시대를 열었던 세종대왕을 기리기 위해 세계 관문인 '인천국제공항'의 명칭을 '인천세종국제공항'으로 개칭할 것을 제안한다. 로마 레오나르도다빈치공항, 뉴욕 존F.케네디공항, 파리 샤를드골공항의 사례처럼 세종 정신을 널리 알려 인천시와 대한민국 문화의 격을 높일 수 있을 것이다.

세종은 과학 진흥에 힘써 측우기, 앙부일구, 금속활자 등 찬란한 업적을 남겼다. 일본 도쿄대 《세계과학기술사 사전》에 의하면 15세기 상반기에 세계 최고 과학기술로 평가받은 성과

물은 조선 29건, 중국 5건, 일본 0건, 아랍·유럽 28건이다. 세종조 조선은 세계 최고 과학 국가였다. 세종의 지휘하에 과학자 이천, 천문학자 이순지, 공학자 장영실 등 빛나는 별 같은 과학자들이 활약했다. 지금이면 수십 명이 노벨상을 받을 만한 과학적 성취였다. 신분, 당파를 뛰어넘어 최고 인재를 발탁하여 수십 년간 양성한 세종 용인술의 결실이다.

　　세종은 민생을 우선시하는 민본정책을 폈다. 전제·세제 안에 대해 300여 명 암행어사가 조선 팔도 수령, 품관, 촌민 17만여 명을 상대로 의견을 물었다. 9만 8,000명 찬성, 7만 4,000명 반대로 찬성이 많았으나 공법안을 폐기시키고 전제상정소에서 10년에 걸쳐 보완했다. 세계 최초 전국 여론조사가 아닐까? 최종 공법은 청안, 함안, 광양 등 6개 고을에서 시범 실시 후 전국으로 확대하여 농업 산출이 획기적으로 늘고 백성들 세금 부담도 대폭 줄어 민생이 넉넉해지고 재정도 튼튼해졌다. 빈민 구호용 의창에 세종 초보다 10배 늘어난 900만 석이 쌓였다. 최근 4년간 20여 차례 설익은 부동산정책과 대비되는 조세정책이다.

　　세종은 거안사위居安思危, 편안할 때 항상 위험을 생각해야 한다며 평화 시 전쟁 위기에 대비하는 국방 강화정책을 추진했다. 일부 중신들이 군사훈련이 백성에게 폐해를 끼친다고 걱정했으나 세종은 군국의 중대사는 작은 폐단이 있더라도 편안할 때 위력威力을 길러야 한다면서 상무 태세를 강화했다. 세

판문점 중립국감독위 남북사회공동위원회 실무회담.
왼쪽 북한대표단, 오른쪽 첫 번째 필자, 두 번째 김인호 위원, 세 번째 송영대 위원(1991년)

종 원년 1418년 6월 왜구 침략을 원천 봉쇄하기 위하여 상왕의 도움을 받아 이종무 도체찰사가 지휘하는 227척 함선에 1만 7,000여 병사가 대마도를 정벌했다. 세종은 재위 32년간 4군 6진도 개척하여 여진족을 압록강과 두만강 건너 만주로 몰아냈다.

세종 30년 조선은 중앙군 2만 8,000명, 지방군 15만 8,000명으로 총 18만 6,000명의 강력한 군대를 보유하게 됐다. 당시 500만 명으로 추정되는 인구에 비해 큰 병력이다. 6진 개척 시 경원에서 용성으로 후퇴시키면 북방정책이 훨씬 쉬워질 것이라는 신하들의 건의에 세종은 화를 내면서 조종께서 지키던 땅을 한 치도 버릴 수 없다며 강력한 북방정책을 추진했다.

김종서 함길도관찰사가 6진을 개척할 때 '힘에 겨워 되지 않을 일을 하고 있으니 김종서 장군의 죄는 처형하여도 마땅하다.'는 중신들의 극언에도 세종은 끝까지 일선 지휘관을 믿었다. 육군 병력이 겨우 2만 명이던 16세기 말에 이율곡의 10만 양병설이 무위에 그치고 무방비 상태로 조선은 임진왜란과 병자호란의 참화에 휩싸였다.

오늘날 엄중한 북핵 위협에 대응하기 위해 세종의 거안사위 정신으로 재무장하고 지도층 노블레스 오블리주의 새 기풍을 세워야 한다. 내년 3월, 세종의 문화·민생·안보정치를 귀감으로 삼아 민본정치를 하는 새 대통령 선출을 기대한다.

−《매일경제》(2021.10.9)

광복절과
흙의 울음소리

—————— ○

2020년 8월 15일, 오늘은 75주년 광복절이다. "흙 다시 만져 보자 바닷물도 춤을 춘다 / 기어이 보시려던 어른님 벗님 어찌하리 / 이날이 40년 뜨거운 피 엉긴 자취니…." 광복절 환희의 노래에서 흙의 울음소리가 들린다. 1905년 11월 17일 을씨년스러운 날 체결된 을사조약과 1910년 8월 22일 경술년 병합조약으로 나라를 빼앗기고 35년간 일제에 핍박받던 우리 선조를 생각하면 마음이 아프다.

광복절은 일본의 제국주의·군국주의·전체주의 패망으로 암흑시대 식민지가 빛을 되찾은 날이다. 우리는 광복 후 민족 상쟁 6·25전쟁을 겪으면서도 70년 만에 이 땅에 자유민주주의와 시장경제를 꽃피워 한강의 기적을 이뤘다. 광복절 아침에 크시슈토프 펜데레츠키가 작곡한 〈5번 교향곡 '한국'〉을 듣는다. 1991년 이어령 문화부 장관이 광복 50주년을 기념하기 위해 위촉한 교향곡이다. 우리나라와 비슷한 슬픈 역사를 지닌 폴란드 출신 세계적인 현대 작곡가는 한국 민요 '새야 새야 파

랑새야'의 슬픈 멜로디와 한국 편종을 사용한 장엄한 교향곡으
로 동병상련의 한국인을 위로한다. "새야 새야 파랑새야 녹두
밭에 앉지 마라 / 녹두꽃이 떨어지면 청포장수 울고 간다."

　　중국에 망명 중이던 대한민국 임시정부를 외교적으로 승
인한 나라는 중국도 미국도 아닌 영국에 망명 중인 폴란드 임시
정부가 유일했다. 우리 임시정부는 국제적으로 외톨이 신세였
다. 1943년 11월 23일 카이로 미·중 정상회담에서 장개석(장제
스) 총통은 '종전 후 일본이 점령하고 있던 타이완, 만주, 조선을
전쟁 전 체제로 복원해 중국에 되돌려달라.'고 요청했으나, 프랭
클린 D. 루스벨트 미국 대통령은 타이완과 만주의 중국 반환은
동의하고 조선의 중국 반환에는 소극적인 반응을 보였다고 외

광복절 50주년 기념 〈5번 교향곡 '한국'〉을 작곡한 폴란드 현대음악 작곡가 겸 지휘자
크시슈토프 펜데레츠키 부부와 함께한 필자(1995년 8월)

교 비사는 전한다. 루스벨트 대통령의 균형 잡힌 역사관에 힘입어 연합국 미·영·중 정상은 카이로선언에서 조선인의 노예 상태에 유의해 적절한 시기에 조선을 자주독립시키기로 결의한다.

우리는 왜 나라를 빼앗겼는가? 망국기 역사를 회고한다. 조선조에 나라를 지키는 병역은 상민과 노비들 몫이고 왕실, 양반, 권문세도가 자제는 병역의무 없이 부귀와 권세만 누리려고 했다. 지도층이 앞장서 온 국민이 단결해 나라를 지키는 상무 정신과 노블레스 오블리주 정신을 찾아보기 어렵다. 로마제국은 초기에 귀족과 평민 집안 남자만 장병으로 징집했다는데 우리와 대비된다.

풍전등화의 국가 위기에도 성리학에 빠져 원리주의적 명분론 당쟁으로 지새우고 선진 문명 도입에는 소홀했던 은둔 왕국이었다. 중화를 흠모해 '소중화'를 자랑하며 문신은 무신을 하대했다. 1907년 8월 한일신협약 직후 일본이 해산한 대한제국 군대는 중앙에 4,000명, 지방에 4,800명 규모였다. 세종 원년 1419년 6월 19일 이종무 도체찰사가 병선 227척, 1만 7,285명의 군인을 인솔해 대마도를 정벌할 때와 비교하면 구한말 군대는 너무나 초라했다. 사농공상士農工商으로 상공인을 천대해 상공업 발전이 없는 가난한 나라였다. 구한말 왕까지 나서 매관매직할 정도로 부패하고 민생은 도탄에 빠졌다. 국력의 뒷받침 없는 작은 군대로는 나라를 지킬 수 없었다.

미·일·중·러 4대 강국 교차점인 한반도의 지정학적 상황에서 대륙세력이 몰락하고 해양세력의 시대가 열리고 있었다. 1894~1895년 청일전쟁, 1904~1905년 러일전쟁에서 일본이 승리하고 1905년 7월 29일 가쓰라·태프트 밀약으로 일본이 필리핀에 대한 미국의 권익을 인정하는 대가로 미국은 일본의 조선 지배를 인정했다고 한다. 조선의 약한 국력과 외교력이 자초한 망국이다. 한반도에 폭풍우가 몰려오고 있다. 미래 비전을 세워 국력을 키우고 사분오열된 사회의 통합이 시대적 소명이다. 온전한 광복은 자유와 휴머니티가 넘치는 통일국가의 완성이다. 한여름밤에 희망과 용기를 주는 베토벤의 〈합창 교향곡〉 '환희의 찬가'를 들어야겠다.

－《매일경제》(2020.8.15)

'한국을 빛낸 음악인 축제' 후. 왼쪽부터 유재기, 바리톤 최현수, 피아니스트 서혜경, 소프라노 김영미, 필자, 피아니스트 백혜선, 소프라노 홍혜경(1995년 8월)

6·25와
노블레스 오블리주

──────── ○

올해는 6·25전쟁 70주년이다. '비목'이 가슴을 적신다. "초연이 쓸고 간 깊은 계곡 깊은 계곡 양지 녘에, 비바람 긴 세월로 이름 모를 이름 모를 비목이여. 먼 고향 초동친구 두고 온 하늘가, 그리워 마디마디 이끼 되어 맺혔네." 무명용사의 녹슨 철모와 돌무덤을 그린 노래다. 나라를 지키기 위해 목숨을 바친 국군 장병과 낯선 나라의 자유를 위해 피 흘린 유엔군 장병에게 마음의 빚을 지고 산다. 전쟁에서 평화통일로 긴 여로를 준비할 때다.

히말라야산을 오르는 한국 등반대는 현지 셰르파와 등산 도중 잠시 쉬고 "치타 치타(빨리빨리)" 하며 출발을 서두른다. 셰르파는 "비스타리 비스타리(천천히 천천히)" 하며 "아직 영혼이 따라오지 않아 영혼이 올 때까지 기다려야 한다."며 여유를 즐긴다. 우리는 전쟁 폐허에서 70년간 앞만 보고 달려 세계 12위 경제 대국을 만들었다. 이제 영혼은 따라왔는지 뒤돌아보며 정신적 가치를 찾아야 한다. 시대정신은 성장사회에서 성숙사회로 대전환을 요구하고 있다.

일부 영혼이 없는 정치인·공무원·군인 이야기가 들려 씁쓸하다. 영국과 미국에서 보고 느꼈던 노블레스 오블리주를 회상해 본다. 영구 웨일스 카디프성 한국전기념관에 빛바랜 글로스터 연대기, 영국 국기, 태극기와 한국 지도, 사진이 전시돼 있다. 인근 민박집에서 주인 내외와 조찬을 함께했다. 창밖의 고풍스러운 저택에 누가 사는지 물었더니 할머니는 떨리는 목소리로 "커널 하우스"라고 답했다. 증조부가 대령이고 현재 손자가 산다고 덧붙였다. 나라에 헌신한 명문가를 존경하는 마음이 느껴졌다. 엘리자베스 여왕은 공주 시절 군 트럭 운전병으로 손수 타이어를 갈아 끼우며 나치 독일군과 싸우고 앤드루 왕자와 윌리엄 왕세손은 헬기 조종사로 포클랜드 전쟁과 아프가니스탄 전쟁에 참전했다. 이튼 칼리지 명예의 전당 회랑에는 중요 전쟁에서 전사한 졸업생 명단이 새겨져 있다. 제1·2차 세계대전에서만 1,900명 동문이 전사한 명문교다. 나라가 어려울 때 왕족, 귀족, 지도층이 앞장서 희생하는 노블레스 오블리주가 천년 왕국을 지탱하는 힘이다.

미국 국민은 제2차 세계대전 참전용사 8명을 대통령으로 선출했다. 드와이트 아이젠하워는 대서양 연합군 사령관으로, 존 F. 케네디는 지병에도 불구하고 자원입대해 해군 어뢰정장으로, 린든 존슨은 하원의원직을 내던지고 해군 장교로 참전했다. 리처드 닉슨, 제럴드 포드와 지미 카터는 해군 장교로,

유명 배우였던 로널드 레이건은 공군 조종사로 참전했다. 조지 부시는 17세에 자원입대하려 했으나 나이가 어리다고 거절당하고 1년 후에 공군 조종사로 참전해 큰 전과를 거두었다. 국가 위기 시 군 복무는 미국 대통령 자격 요건인 셈이다.

워싱턴 링컨기념관 옆 한국전쟁기념공원에 폭우 속 행군하는 6·25 참전용사 19명의 조형물이 있다. 명문에 "조국은 그들이 전혀 알지 못하는 나라와 만나 본 적이 없는 사람을 위해 조국의 부름에 호응한 아들딸에게 경의를 표한다."라고 새겨져 있다. 6·25전쟁 3년간 미군 178만 명이 참전해 3만 3,000명이 전사하고 3,700명이 실종됐다. 미군 장성 아들 142명도 참전해 밴플리트·클라크 장군의 아들 등 사상자 35명이 나왔다.

12년 전 윤석금 웅진그룹 회장은 미국 방문길에 워싱턴 주의 6·25 참전용사 600여 명을 오찬에 초청해 한국무용 공연 후 자개함을 선물했다. 노병들은 눈물을 글썽이며 '한국의 눈부신 발전이 자랑스럽고 한국인이 잊지 않고 감사를 표해 고맙다.'고 말했다. 최근 정부는 마스크 10만 장을 유엔군 참전용사에게 보냈다. 노병들에게 작지만 큰 감동을 주는 선물이다. 이번 코로나19 사태로 우리 국민의 높은 시민 의식에 전 세계가 감탄하고 있다. 자유와 평화는 공짜가 아니다. 국가 위기 시 사회 지도층이 앞장서 희생과 의무를 다하는 노블레스 오블리주의 새 기풍을 세우자.

- 《매일경제》(2020.6.20)

님아,
그 강을 건너지 마오

———————— ○

지난(2021년) 6월 중순 영국 콘월에서 G7 정상회의가 열렸다. G7은 선진 경제 대국이면서 자유민주주의를 공유하는 미국, 영국, 프랑스, 독일, 이탈리아, 캐나다, 일본이 회원국이다. G7 의장국 영국의 초청으로 회원국 7개국 정상과 함께 한국, 오스트레일리아, 인도, 남아프리카공화국 4개국 정상이 참가했다. 한국 대통령이 주요 10개국 정상들과 '글로벌 어젠다' 협의에 참여하는 것만으로도 의미가 크다.

작년에 EU에서 탈퇴한 영국이 미국과 영연방과 연대하여 외교의 축을 유럽에서 아시아·태평양 지역으로 옮기는 듯한 인상을 받았다. 영국은 과거 식민지였던 미국과 같은 앵글로·색슨으로 오늘날까지 긴밀한 특별 관계를 유지하고 있다. 1931년 영국은 식민지였던 나라와 영연방Commonwealth을 결성하여 상호 이해와 번영을 위한 느슨한 국가 연합을 운영하고 있다. 현재 52개국이 회원국이다. 4년마다 열리는 '영연방 게임'은 거의 올림픽 수준의 국제경기 대회로 유대를 강화하고 있다.

이번 G7 회의에 회원국 영국·캐나다와 함께 오스트레일리아·인도·남아공 정상을 초청하여 영연방 5개국 정상이 참가했다.

도널드 트럼프 전 대통령은 미국 우선주의를 주창하며 파리기후변화협약을 탈퇴하고 유엔, 유네스코, 세계보건기구 WHO의 분담금 납부를 중단하는 등 신고립주의정책을 폈다. 그러나 올해 초 취임한 조 바이든 대통령은 이번 G7 정상회의를 통해 전 세계에 미국의 귀환을 알렸다. G7 정상들은 중국의 '일대일로一帶一路(육·해상 실크로드)'에 맞서 저개발 국가의 인프라 건설을 지원하는 '더 나은 세계 재건Build Back Better World' 프로젝트에 합의했다. G7 정상은 오스트레일리아, 인도 등 4개국 정상과 함께 자유민주주의 국가 D11 연합을 만들었다. 민주주의, 자유, 인권, 법치의 가치를 강조하며 사실상 반중 전선을 구축했다.

한국은 1인당 국민소득 3만 달러, 총인구 5,000만 명 이상의 국가 3050클럽에 일곱 번째로 가입한 10대 경제 대국으로 향후 G8과 D11 연합의 회원국이 될 충분한 자격을 갖춘 나라다. 문화적 측면에서도 K-팝, 영화, 드라마, 웹툰, 게임 분야의 수억 명 한류 팬덤이 조성하고 있는 한류 붐은 지구촌에 한국의 문화적 위상을 높이고 있다.

G7 정상회의 기념사진을 보며 새삼 대한민국의 위상이 달라졌음을 느낄 수 있었다. G7 정상회의 단체 사진 앞줄 왼쪽부터 남아공·프랑스·영국·한국·미국 정상이 자리하고, 둘째

줄 왼쪽부터 일본·독일·캐나다·오스트레일리아 총리가 섰다. 주최국 영국 존슨 총리와 미국 바이든 대통령 사이에 한국 문재인 대통령이 섰다. 한국의 높아진 국제적 위상을 보여 주는 사진이다.

정부는 G7 정상회의 기념사진에서 남아공 대통령의 모습을 잘라 내 앞줄의 문 대통령이 중앙에 선 것처럼 돋보이게 편집하는 우愚를 범했다. 쿨한 홍보로도 충분한데 과유불급이다. G7 주최국 영국과 남아공에 대한 큰 외교 결례다.

G7 정상회의 '기후변화 및 환경' 회의 사진은 중앙에서 사회를 보는 영국 총리의 왼편에 미국·프랑스·캐나다·일본 수상이, 오른편에 한국·남아공·독일·이탈리아 수상이 앉아 있는 장면이다.

한국은 G7 회원국도 아닌 초청국 자격인데, 주최국 영국 총리의 좌우에 미국 대통령과 한국 대통령의 좌석이 마련되어 있었다. 다자 국제 정상회의 의전 서열로는 설명하기 어려운 파격적인 특별 예우다. 팍스 브리태니카 세계 제국을 경영했던 영국은 노련하고 세련된 외교·의전 전통을 자랑하는 왕국이다.

한국 대통령은 최고의 예우를 받았다. 그러나 세상에 공짜 점심은 없다. 미국의 염원과 영국의 심오한 배려 속에 '님아, 그 강江을 건너지 마오.'라는 무언의 압력 메시지가 들린다. 자유·민주의 기본 가치에 충실한 외교는 모든 문을 여는 열쇠다.

- 《매일경제》(2021.7.3)

'고종의 길'을
걸으며

——————— ○

러시아의 성탄절은 양력으로 1월 7일이다. 20년 전 크리스마스 시즌에 상트페테르부르크 마린스키극장에서 〈호두까기 인형〉 발레를 즐겼던 순간이 행복한 추억으로 남아 있다. 넵스키 대로, 눈 내리는 밤, 가스등 아래 모피 외투에 샤프카 모자를 쓴 러시아인들이 선물 꾸러미를 들고 총총 걸어가는 정경이 아름다웠다.

1911년 1월 13일 눈 덮인 추운 날 정오, 주러시아 공사 이범진이 상트페테르부르크 자택 거실에서 흰색 두루마기를 입고 천장 램프에 목매달아 자결하였다. 이범진은 1905년부터 1911년 순국 시까지 둘째 아들 이위종 부부와 헤어져 혼자 이곳에서 살았다. 1905년 11월 을사조약으로 공관이 폐쇄된 이후에도 끝까지 남아 러시아와 외교 교섭, 헤이그 만국회의에 이상설·이준·이위종 밀사 파견과 연해주 동포의 독립운동 지원에 심혈을 기울인 애국지사다.

이 공사는 고종 황제에게 "우리의 조국 한국은 이미 죽었습니다. 전하께서는 모든 권리를 빼앗겼습니다. 소인은 적에

240

게 복수할 수도, 적을 응징할 수도 없는 무력한 상황에 처해 있고 자살 외에는 다른 아무것도 할 수 없습니다. 소인은 오늘 생을 마감합니다."라는 유서를 남겼다. 당시 망국 외교관의 비통함과 질망감을 엿볼 수 있다. 그는 자결 전에 장의사를 찾아가 자신의 관을 주문하고 시신을 블라디보스토크로 운반해 주길 요청하며 장례 비용을 미리 지불했다고 한다. 현지 신문《달료카야 오크라이나》는 '이 사건은 슬픈 한국 서사시의 비극적 결말'이라고 평했다. 이를 보고받은 니콜라이 2세 황제의 도움으로 태극기가 덮인 관을 안치한 흰 마차를 6필의 백마가 끌고 장지로 향했다.

2002년 7월 말 무더운 날, 한·러 친선 사절단 일원으로

상트페테르부르크의 고故 이범진 주러시아 공사 추모비 건립 현장에서 필자(2002년)

상트페테르부르크 우스펜스키 공동묘원에서 열린 이범진 공사의 추모비 제막식에 참석했다. 이범진 공사 묘소를 찾으려는 한·러 양국의 노력은 실패하고 매장 추정 묘역에 우리 외교부가 준비해 간 추모비를 세웠다. 고인은 블라디보스토크를 거쳐 유해가 고국에 송환되길 바랐으나 일제하에서는 불가능했다. 90년이 지나서야 독립된 대한민국이 이범진 공사의 망국의 한을 다소나마 풀어 드린 것 같아 기뻤다.

추모식에서 한국 사절단의 전직 총리는 한·러 100년 외교사와 이범진 공사의 애국 활동을 회고하는 자상한 추도사를 통역 시간을 포함해 50분간 연설했다. 이어서 상트페테르부르크 부시장은 5분간의 추도사에서 "평화로운 묘원의 둘레 숲을 보라. 한국의 상징 늘 푸른 소나무와 러시아의 상징 흰 자작나무가 동쪽과 서쪽에서 이범진 공사 묘원을 지켜 주고 있다. 저 숲속에서 속삭이는 나무들처럼 양국 국민의 깊은 우정은 영원하리라."라는 메시지로 큰 감동을 주었다. 외국 행사에서 문기文氣 있는 짧은 멘트와 상대국의 유명한 시 한 수나 노래 한 곡을 그 나라 말로 인용하는 연설은 많은 공감을 불러일으킨다.

덕수궁 뒤편 주한 미국대사관저 돌담길을 따라 옛 러시아공사관으로 가는 '고종의 길'을 걸으며 명성황후가 시해된 을미사변 후 이범진과 이완용 등 친러파가 주도했던 '아관파천'을 회고한다. 1896년 2월 11일 새벽 7시 신변에 위협을 느낀 고종과 왕세자가 경복궁을 떠나 궁녀의 가마를 타고 러시아

공사관에 피신했던 슬픈 역사다. 20세기 전후 대한제국이 믿고 의지했던 너그러운 나라 로마노프 왕조 제정 러시아도 1917년 10월 볼셰비키혁명으로 역사 속으로 사라졌다. 시베리아 횡단 열차를 타고 우릴신맥 동쪽 도시 예카테린부르크에 갔다. 마지막 황제 니콜라이 2세가 가족과 함께 비참하게 처형된 집터에 세워진 '피의 성당'을 찾아 비애를 느꼈던 기억이 난다. 비극적 역사를 잊지 말고 온 국민이 힘을 모아 나라를 지킬 수 있는 국력을 키우고 자유와 휴머니티가 꽃피는 대한민국을 후손에게 물려주어야 한다. 오늘도 표트르 차이콥스키의 〈비창 교향곡〉을 들으며 고종의 길을 걷는다.

- 《매일경제》(2021.1.9)

상트페테르부르크에서 故 이범진의 주러시아 공사의 외증손녀 및 사위와 함께
좌로부터 다섯 번째 필자(2002년 8월)

해외에 떠도는
한국 그림자 아이들

───────── ○

외국에서 방황하는 한국 국적의 그림자 아이들이 있다. 결혼이
민 여성들의 이혼, 별거, 가정 파탄으로 엄마 나라에 따라간 다
문화가정 자녀들이다. 이들은 우리나라 다문화가정 자녀 26만
명의 8%인 2만여 명으로 추정된다. 베트남, 태국, 필리핀, 몽골
등으로 중도 귀국한 결혼이민 여성은 양육비도 받지 못하고 냉
대 속에서 막노동을 하며 생활고에 시달리고 있다. 동반한 한
국 자녀는 엄마 나라 국적이 없어 학교도 병원도 갈 수 없고 낯
선 환경, 서툰 언어로 미운 오리 새끼가 된 잊힌 아이들이다.

　　한국 결혼이민자 이혼율은 20%에 달하고 이혼 절차 없
이 친권을 빼앗기지 않으려고 몰래 자녀와 동반 귀국한 사례도
적지 않다. 조국이 없는 그림자 아이들이 외국의 인권 사각지
대에서 울고 있다. 한국 유엔인권정책센터는 여성가족부와 기
업의 후원을 받아 베트남 껀터에서 다문화가족 돌봄센터를 운
영하며 결혼이민 여성을 대상으로 컴퓨터, 헤어 디자인, 수공
예, 요리 등 취업 교육과 법률 상담을 제공하고 다문화 자녀의

244

한국어 교육을 실시하고 있다. 좋은 모델 사업이다. 귀환 결혼 이민 여성과 다문화 자녀가 많은 나라 도시마다 정부, 기업, 민간 재단이 힘을 모아 돌봄센터를 설치할 필요가 있다.

세계 최대 온라인 외국 이주민 공동체인 인터네이션스가 이주민 생활환경이나 조건의 호감도 조사에서 한국은 59개국 중 47위로 선호도가 낮다고 발표했다. 지난 20여 년간 정부와 민간 재단에서 다문화가족의 한국 정착을 돕기 위해 많은 노력을 기울였으나 외국 이주민들이 살고 싶어 하는 나라가 되기에는 아직도 갈 길이 먼 것 같다. 외국 이주민을 차별 없이 따뜻하게 포용하는 열린 사회를 만들어야 한다. 인구 절벽 시대에 외국 이주민조차 와서 살기를 꺼리는 나라가 된 한국은 서서히 인구 소멸의 길로 들어서는 것인가.

조국의 보호를 받지 못해 울고 있는 한국 아동 수만 명을 외국에 그대로 방치할 것인가. 세계 최저 출산국인 한국은 작년 합계출산율이 0.84명에 그치고 신생아는 겨우 27만 2,300명이 태어났다. 암담한 현실이다. 인구 재앙으로 국가비상사태를 선포해야 할 상황에 해외에 방치된 한국 아동 수만 명은 인구 대책을 위해서도 귀한 인적자원이다. 정부의 존재 이유는 자국민의 보호를 위해 지구 끝까지 달려가 이들을 구하는 데 있다. 세계 10위 경제 대국 대한민국이 경제협력개발기구OECD와 3050클럽에 가입했다고 선진국이 되는 것이 아니다. 한국인의 인간애 실천이 요구된다. 외국에 방치된 그림자 아이들을 보듬어 휴머니즘 측면에서 책무를 다해야 국격 있는 문화 선진국으로 존경받을 수 있다.

베트남전쟁 기간 중에 참전 미군과 베트남 여성 사이에 많은 혼혈 아동이 태어났다. 미국은 베트남전쟁 기간과 패망 후에도 외교 교섭을 통해 미국에 오기 원하는 미군과 결혼한 베트남 여성과 그 자녀 수십만 명을 초청이민으로 미국에 데려갔다. 휴머니즘이 넘치는 선진국이다. 한국 정부는 베트남전에 참전했던 한국 병사와 베트남 여성 사이에서 태어난 자녀 '라이따이한' 3만 명과 그들의 어머니를 한국에 데려올 생각조차 하지 않고 모르쇠로 일관하고 있다. 사회적 비난과 억압 속에서 살았던 그 베트남 여성과 라이따이한을 생각하면 지금도 그들에게 미안하다.

한국 정부는 당장 친정 나라에 중도 귀국한 결혼이민 여성과 동반 한국 자녀에 대한 실태 조사를 해야 한다. 이를 바탕으로 유엔아동권리협약에 따라 주재국에서 한국 그림자 아이들이 기초 교육과 의료 혜택을 받을 수 있도록 영사 업무를 강화하고 아이들이 원할 경우 한국으로 데려오는 방안을 강구해야 한다. 한국 자녀들의 이중국적 취득, 자녀 양육에 필요한 생활비 지원과 법률적 지원도 시급하다. 이들에 대한 한국어 교육, 한국 학교 진학 지원과 함께 결혼이주 여성들의 경제 자립을 위한 취업 기술 교육에 정부와 기업의 관심이 절실하다.

－《매일경제》(2021.9.4)

민본·문화·안보정치
난국 타개할 리더십의 표상

───── ○

새해가 밝았다. 혼란의 시대가 가고 문치의 시대가 열리길 기대하면서 극작가 신봉승이 저술한 《세종, 대한민국 대통령이 되다》를 다시 정독하였다. 저자는 현 정부 부처의 장長 자리에 조선시대 명현들을 대입해 이상적인 정치가의 표상을 제시했다. 대통령에 세종대왕, 국무총리에 오리 이원익, 기획재정부 장관에 퇴계 이황, 문화관광부 장관에 연암 박지원 등 20명이 등장한다. 교육부 장관으로 뽑힌 사계 김장생은 "법으로 규제하면 피동적인 국민이 되고 예禮를 가르치면 스스로 알아서 행동하는 상식적인 국민이 된다."라는 말을 남겼다. 성군 세종이 다시 살아서 돌아와 오늘 대한민국의 대통령 자리에 오른다면 생각만 해도 가슴이 벅차오른다. 세종의 독서량은 가늠할 길이 없을 정도로 폭이 넓었고 나이 든 신하들에게서 존경과 신뢰를 한 몸에 받았다. 훌륭한 인재를 적재적소에 등용하고, 식견과 표준을 갖추고 실천궁행의 삶을 보여 준 세종은 대한민국 대통령으로 모셔야 할 인물이다. 그는 한글을 창제하고 국악을 한국화하면서 종묘제례악을 작곡하는 등 문화의 힘을 알고 문화정치를 펼친 임금이다. 세종은 300여 명의 암행어사가 전국의 관아와 가가호호를 방문케 하여 토지세가 포함된 전제개혁안에 대한 백성의 의사를 직접 듣게 하였다. 이에 9만 8,000명이 찬성하고 7만 4,000명이 반대하였으나 이를 폐기하고 10여년간 보완하여 시행함으로써 민생경제를 살렸다. 또한《삼강행실도》의 〈충신〉편에서 조선 창업에 반대한 '포은 정몽주'와 '야은 길재'의 충정을 백성들에게 기리게 하여 백성의 마음을 하나로 묶는 포용의 정치도 펼쳤다. 그는 부왕 태종의 뜻을 받들어 대마도를 완전 정벌하여 왜구의 노략질을 없애 백성의 삶을 보호하고 함경도 지방에 6진을 설치하여 여진족의 남하를 막아 북쪽 지방의 화근을 미리 방지하면서 영토를 정비하였다. 나라에 위태로움이 생기기도 전에 나라의 안보를 튼튼히 하였다. 이와 함께 관노의 아들 장영실을 등용하고 정인지, 이순지, 이천, 신희 등 천문·지리·산학 분야 과학자들이 측우기, 혼천의, 앙부일구 등을 만들게 하여 당대 세계 수준의 과학 문명을 꽃피우게 하였다. 올해는 문명사적 대전환기에 대한민국의 미래를 여는 대통령 선거의 해이다. 세종대왕의 리더십을 오늘에 되살려 문화정치, 민본정치, 안보정치를 펼칠 수 있는 대한민국 대통령의 탄생을 기대한다.

-《세계일보》(2017.1.24)

저출산, 고령화시대
이민 확대가 답이다

──────── ○

우리나라 생산 가능 인구가 올해부터 감소하기 시작한다. 저출산 고령화의 후유증이 우리에게 현실로 다가왔다. 최근 한국은 행은 우리나라가 인구 고령화에 대처하지 않으면 20년 내에 경제성장률이 0.4%대까지 떨어질 것이라는 연구 결과를 발표했다. 이러한 비관적 시나리오가 현실화되는 것을 막기 위해 정년을 5년 연장하고 여성의 경제활동 참가율을 매년 0.5%씩 높이는 한편, 기술혁신으로 노동생산증가율을 2016년 수준인 2.1%로 유지하는 등 3가지 인구정책 목표를 달성할 경우 경제성장률 2.8%에 도달할 수 있다고 전망했다. 그러나 이러한 인구 대책으로는 저출산 고령화 시대의 경제성장 문제를 해결하기에는 한계가 있다. 향후 15~64세의 생산연령으로 진입하는 인구 규모가 계속 줄어들기 때문에 그 정책적 효과는 지속 가능하지 않다.

우리나라의 생산 가능 인구는 다출산 세대 인구에 힘입어 지난 수십 년간 꾸준히 증가하여 2016년 3,760만 명의 정점에 도달하기까지 생산 가능 인구 보너스 기간 동안 우리는 저출산 고령화의 후유증을 피부로 느낄 수 없었다. 그러나 금년부터 생산 가능 인구는 감소하기 시작한다. 이제 생산 가능 인구의 보너스 잔치는 끝났다. 우리나라의 생산 가능 인구는 10년 내에 200만 명이, 20년 내에 600만 명이나 감소한다. 50년 후인 2065년에는 거의 50%나 격감하여 생산 가능 인구는 2,060만 명이 될 것으로 전망된다. 매년 태어나는 신생아 규모는 1970년대에 100만 명이었는데 해마다 감소하여 올해에는 40만 명 이하로 대폭 감소할 것으로 보인다. 이는 미래의 생산 가능 연령으로 진입하는 인구가 격감하는 것을 의미한다. 저출산 문화를 바꾸는 것은 긴 시간과 노력이 요구되는 어려운 문제이다. 선진국에서는 출산율을 높이기 위해 많은 노력을 기울였으나 대부분 기대한 효과를 얻을 수 없었다.

웅진재단이 지난 10년간 결혼이민자와 이주노동자를 돕는 사회 공헌 사업을 펼치면서 필자는 우리나라의 인구 문제, 이민정책과 이민자의 실상에 대해 관심을 갖게 되었다. 그동안 이주민들이 우리나라 인구 증대와 경제성장에 기여하고 있음을 직접 확인할 수 있었다. 저출산 고령화 시대의 인구 대책은 이민정책에서 해법을 찾아야 한다. 가장 현실적인 정책 대안은 젊은 이민자에게 문호를 획기적으로 확대하는 것이다. 지난 수년간 줄어들고 있는 결혼이민자를 대폭 늘리고 취업이민자와 유학생을 포함하여 전문성 있는 인재를 유치하는 이민 확대정책을 도입해야 한다. 다양성과 포용력은 오늘의 시대정신이다. 무엇보다 이주민에 대해 차별과 혐오가 없고 외국인이 살고 싶은 열린 사회를 만드는 문화정책이 필요하다.

성공적인 이민정책 사례로 오스트레일리아는 백호주의를 포기하고 우수한 유학생들을 포함하여 매년 오스트레일리아 총인구 2,200만 명의 1%인 22만 명의 이민자를 적극 받아들이고 있다. 영국과 프랑스의 경우도 이민자의 높은 출산율에 힘입어 합계출산율 1.9~2.0명 수준을 유지하고 있다. 또한 캐나다는 우수 인력 이민자의 정착을 돕는 '성공 프로그램'을 운영하고 있다. 인구정책의 결과는 수십 년이 지나야 나타나기 때문에 이제라도 생산 가능 인구의 감소를 보완하는 선제적이고 적극적인 '국가 이민 확대 50년 계획'을 수립해야 한다.

- 《세계일보》(2017.7.27)

이민자 가슴에
한국심韓國心을 심자

———————— ○

1980년대 초 사우디아라비아에서 3년간 근무할 때다. 섭씨 40~50도를 넘나드는 열사熱砂의 땅 건설 현장에서 한국 노동자 수십만 명이 앰프에서 흘러나오는 고국의 가요와 가곡에 힘입어 피땀 흘려 일하던 모습이 눈에 선하다. 그 당시 중동에서 일본 세일즈맨은 시원한 호텔로 자동차, 에어컨, TV를 팔고 다녔다. 이를 보고 부러워하던 한국이 오늘날 세계 12위 경제 대국이 되었다. 한국에는 결혼이민자, 이주노동자, 유학생 등 외국인 222만 명이 살고 있다.

2008년 웅진재단은 스카이넷과 함께 다문화 음악방송을 개설하여 원어민 앵커가 8개 언어로 이들에게 향수를 달래 주는 고국의 노래와 한국 정착에 도움이 되는 생활 정보를 제공하고 있다. 40년 전 중동에서 땀 흘리던 우리 건설 노동자를 생각하며 고향을 떠나 낯선 한국에 살고 있는 이민자 가슴에 따뜻한 한국심韓國心을 심고 있다.

중국 DJ 강리즈는 중국 웨이보와 이즈보에 폴로어 156

만 명이 있는 인플루언서다. 가수 쥰키, 방송인 알베르티 몬디가 게스트로 출연하는 라이브 방송은 청취자가 각각 30만 명에 이른다. 청취자 소나무는 "매일 집에만 있어서 우울증 걸릴 것 같아요. 가족의 아침밥을 차려 주고 아이들을 학교에 보낸 후 쌤의 음악을 들으며 힘을 내요. '웃을 때 참 예뻐'를 듣고 싶어요."

베트남 DJ 당탄아는 서울대 국제대학원에서 한국학을 전공하고 있다. 트랑푸옹링은 "민주가 학교나 집에서 한국말만 하니까 베트남어를 전혀 몰랐는데 매일 저녁 함께 다문화 방송을 듣기 시작하면서 베트남어가 재미있어 배우고 싶다고 해 엄마로서 참 행복해요."주한 베트남 대사는 가끔 방송에 출연하여 고국 소식을 전한다.

필리핀 DJ 제니 김은 결혼이민자다. 모국 대통령 방한 시 교민 행사 사회자로, 필리핀 교민 문제 해결사로 활동하는 원더우먼이다. 애청자 제임스는 광주시 자동차 부품공장 노동자로 일하다 병을 얻고 임금도 여러 달 받지 못한다고 호소했다. 제니는 공장을 방문해 그의 질병 치료와 체불 임금을 해결해 큰 보람을 느꼈다고 한다.

태국 DJ 수아마트 폰판은 쿠통톤기술대를 졸업하고 태국에 여행 왔던 한국인을 만나 결혼했다. 카녹원은 한국에 10여 년 살면서 다문화 방송 덕분에 고국의 노래를 듣고 한국어도 배운다고 고마워했다. 주한 태국 대사도 방송에 출연해 교민들에게 위로의 메시지를 전달한다.

일본 DJ 다나카 에미는 선문대 출신으로 한국인과 결혼해 어린 남매를 키우고 있다. 일본어 강사는 다사랑 사이트에 다문화 방송을 소개하고 재단 홈페이지에서 '엄마 나라 동화' 애니메이션도 즐겨 본다며 포핀 파티의 노래 '8월의 if'를 신청했다.

몽골 DJ 바트바야 바트나라는 몽골국립대를 졸업한 연기에 능한 탤런트다. 몽골 고교생 마루는 "몽골에서 한국어를 배우려면 학원에 다녀야 하는데 다문화 방송을 들으며 한국어와 한국 노래를 배우고 있어요. 한국 방송을 몽골에서 들을 수 있다니 정말 신기해요."

아랍 DJ 니할헤라리는 연세대 전자공학 박사 과정 재학 중이다. 건설 현장에서 일하던 예멘 난민이 큰 사고를 당해 치료와 보상 문제에 대해 상담을 원해 관련 기관을 알려 주고 조언도 해 주었다. 그녀는 방송을 통해 어려움에 처한 외국인 노동자를 도울 수 있어 기쁘다고 했다.

러시아 DJ 아가타 크리우체크는 고려대 경영학과에 다니는 K-팝 팬이다. 그녀는 청취자가 좋아하는 신청곡을 들려주고 러시아어권 이주민에게 육아정보와 코로나19 방역 지침도 전달하며 자부심을 느낀다.

이민자를 따뜻하게 보듬어 열린 사회, 아름다운 세상을

함께 열어 가자. 독자분들께 8개 언어로 "안녕하세요" 인사드
린다. 니하오(중국어), 씬짜오(베트남어), 마간당 아라오(필리핀
어), 사왓디 카(태국어), 곤니치와(일본어), 셴 베노(몽골어), 앗살
람 알라이쿰(아랍어), 즈드라스드 부이쩨(러시아어)!

–《매일경제》(2020.11.14)

제6부

세상 아이들
웃음이 빛나는 날

프래더윌리증후군 캠프, 양평군 양평밸리(2010년 7월)

아기 상어 뚜루루 뚜루
넓은 바다로

───────── ○

스카우트가 야영하던 캠프가 불타 사라지고 있다. 보이스카우트, 걸스카우트, 해양소년단, YMCA, YWCA를 비롯한 청소년 단체는 최근 2년간 단원이 80% 정도 격감해 생사의 기로에 서 있다. "손을 잡자 우리는 영원한 친구들 / 대지 위에 우리의 젊음을 펼치자 / 하늘 향해 펼치자 우리의 꿈들을 / 바람 향해 그리자 우리의 우정을." 걸스카우트의 국제야영 노래를 계속 들을 수 있을까.

2019년 서울시와 경기도 등의 교육청은 학교 업무를 정상화한다며 하루아침에 교사의 청소년 단체 지도 업무를 배제하는 행정 조치를 했다. 교육청발 직격탄에 이어 코로나19 여파로 청소년 단원이 썰물처럼 빠져나갔다. 75년간 학교와 함께 청소년 교육의 한 축을 담당해 온 청소년 단체의 앞날이 절망적이다. 학교 밖 넓은 세상과 접하며 심신을 수련하는 캠프를 잃어 버린 우리 청소년의 미래도 암담해 보인다.

지난 15년간 초·중·고 학령 인구가 791만 명에서 542

만 명으로 31% 줄었는데 교사 수는 늘고 있다. 최근 교육청은 교사의 행정 부담을 덜기 위해 행정직 1만 명도 뽑았다. 교사의 근무 환경과 처우가 개선된 상황에서 청소년 단체 지도를 포기해 스승의 소명감마저 의심받고 있다. 청소년정책에 관한 기본 사항을 규정한 청소년기본법, 청소년 활동의 행정적 · 재정적 지원 근거를 규정한 청소년활동진흥법, 가정과 지역사회를 연계한 학교 인성 교육을 규정한 인성교육진흥법의 취지에 반하는 교육감의 행정 조치는 직권남용의 소지가 있어 보인다.

청소년 단체가 독자적으로 활동하라는 조치는 학교 교사를 믿고 의지한 청소년 단원과 학부모를 경시하는 근시안적 정책이다. 청소년 단체가 자생력을 가지려면 최소한 10년의 준비 기간이 필요하고 청소년 지도자 양성과 예산 지원이 선행돼야 한다. 지방재정교부금은 지난 15년간 24조 6,000억 원에서 59조 6,000억 원으로 2.4배 늘어나 교육청은 쓸 곳이 없어 매년 1조 8,000억 원씩 불용예산을 남긴다. 교부금 일부를 청소년 단체 육성에 사용하기 바란다.

보이스카우트와 걸스카우트는 캠핑을 통해 심신을 단련하고 리더십을 키우며 잠재력을 계발한다. 세계 172개국 5,200만 명 보이스카우트와 152개국 1,000만 명 걸스카우트가 연대 활동하고 있다. 1922년 창설된 한국보이스카우트 단원은 2000년 40만 명에서 2018년 15만 명으로 줄고 올해 3만 명으로 급감했다. 1946년 창설된 한국걸스카우트 단원은 2000년 35만

제1회 서울 YMCA 지도자 연수 기념사진. 앞줄 중앙 전택부 서울 YMCA 총무,
둘째 줄 오른쪽 세 번째 구봉회, 셋째 줄 왼쪽 첫 번째 필자(1966년 2월)

명에서 2018년 10만 명으로 줄고 최근 2만 명으로 감소했다.

저출산 시대 온실 속 자녀는 대자연에서 친구와 함께 호
연지기를 기르며 강인한 인재로 커야 한다. 온라인 사이버 시
대에 야외 캠프 활동이 더욱 중요해졌다. 필자는 옥스퍼드대,
하버드대를 여러 차례 방문해 교수들과 환담했다. 세계 명문대
학은 입학 사정 시 스포츠·예술 활동이나 걸스카우트 같은 청
소년 단체 활동을 한 학생을 높이 평가한다. 이러한 학생들이
인류에 공헌하는 글로벌 리더로 성장할 가능성이 크다고 했다.

나라의 운명은 청소년 교육에 달려 있다. 청소년정책 주
무 부처는 지난 30년간 문화체육부에서 보건복지부로 다시 여
성가족부로 바뀌었다. 여성가족부는 청소년 유해환경 감시, 인

터넷·스마트폰 과의존 예방, 청소년 치유 재활 등 문제 청소년 선도에 중점을 둔 소극적인 보호정책을 펴고 있다. 문화체육관광부가 문화·예술·스포츠 분야 수백 개 기관, 단체와 유기적으로 연계해 적극적인 청소년 육성정책을 펴는 방안을 모색하기 바란다.

　　정부는 조속히 강 건너 불타고 있는 청소년 캠프를 진화하고 청소년 단체 활동을 정상화하는 방안을 마련해야 한다. 우리 청소년을 우물 안 개구리가 아닌 바다의 상어로 키워야 한다. 아기 상어들 뚜루루 뚜루 넓은 바다로!

-《매일경제》(2021.11.13)

난치병 어린이
고통을 나누자

——————— ○

매년 5월 23일은 희귀 질환 극복의 날이다. 한국희귀난치성질
환연합회에 따르면 우리나라에는 약 2,000개 희귀 난치성 질환
의 환자 50만 명이 있으며, 이들 중 대사 질환, 염색증, 희귀암
등 134종 897개 질환자가 국민건강보험의 혜택을 받고 있다고
한다. 특히 1,000명 가까이로 추정되는 다문화가정의 희귀 난
치병 환아들은 언어 소통과 사회 적응의 어려움으로 더 큰 고
통을 감내하고 있다. 웅진재단(www.wjf.kr)은 2008년부터 희귀
난치성 질환 환아와 가족들에게 희망을 줄 수 있는 프로그램을
여러 의료보건기관과 함께 실시하고 있다.

　　한국모자보건학회와 함께 페닐케톤뇨증, 단풍당뇨증 등
10개 유전성 대사 질환의 환아를 위해 '웹 기반 자동 식단'을
개발하여 쉽게 활용토록 하였다. 지난 8년간 환아 가족 13만 명
이 활용했다. 그동안 환아들은 체계화된 관리 프로그램이 없어
식생활과 질병 관리에 큰 어려움을 겪었으나 기초 식단, 음식
별 영양소 DB와 아미노산 함량이 계산되어 있는 프로그램으

로 식이요법이 편리해졌다. 오정민 군의 어머니와 몽골 출신 권오미 양의 어머니는 처음 아이의 병명을 듣고 막막하였으나 이 프로그램이 가족 모두에게 새 길을 열어 주어 고맙다고 하였다.

또한 대한유전성질환학회와 함께 전문의와 환아들이 대화하는 형식의 '희귀 난치성 질환 만화책'을 제작 배포하였다. 터너증후군, 다운증 등 24종의 만화책은 질환의 증상, 약의 섭취와 자기 관리 방법 등을 이해하기 쉽게 설명하고 있는데 그동안 재단 홈페이지를 통해 연 5만 명이 활용하였다. 필리핀 출신 결혼이민자 로리 델로스 씨는 아들과 함께 선천성갑상선질환 만화책을 읽어 질환을 이해하고 스스로 관리해 나갈 희망이 생겨 기쁘다고 하였다. 미얀마 양곤 소아병원의 아이 닌규 박사는 소아당뇨병, 갈락토스혈증 등 영문판 만화책이 어린이 환

웅진재단과 함께하는 희귀 질환 어린이 건강캠프.
앞줄 중앙 필자와 이동한 교수(2016년 2월)

자와 의료 종사자들에게 정확한 지식과 정보를 주어 만성질환의 장기적 부작용을 예방할 수 있는 가장 효과적인 질환 대처 방안이라면서 미얀마에서도 활용하겠다고 전해 왔다.

질환의 특성상 짧은 시간의 의사 진료만으로 희귀 난치성 질환 환아와 보호자의 궁금증을 모두 풀어 주는 것은 현실적으로 어렵다. 이를 돕기 위해 순천향대 의대와 함께 희귀 난치병 환아 30가족을 초청하여 1박 2일간의 '진료교육캠프'를 다섯 차례 개최했다. 이들은 10여 명의 전문의 강의를 통해 질환에 대한 새로운 지식을 얻고 같은 질환을 가진 가족들과의 교류를 통해 정보 교환은 물론 커뮤니티도 구성하게 되어 기뻐했다. 베트남에서 온 결혼이민자 원정아 씨는 '캠프에 와서 좋아요. 프래더윌리증후군인 5살 딸의 병 관리에 큰 도움이 되었고 가족 모두 스파에 처음 와서 스트레스를 풀 수 있게 해 주셔서 고맙다.'라고 하였다.

호모시스틴뇨증을 앓고 있는 최예니 가족은 아기 때부터 "안 돼, 의사 선생님이 먹지 말래!"라며 단속하기에 바빴지만 캠프를 통해 아이가 스스로 자기의 질병을 이해하게 되었다고 했다. 그들은 평생 질환 관리뿐 아니라 가정의 경제적 기반이 무너지고 정신적 문제까지 발생될 수 있는 다중적 고통을 겪고 있다. 이웃에서 남몰래 눈물짓는 이들이 희망과 용기를 잃지 않고 꿋꿋하게 살아갈 수 있도록 각계의 따뜻한 손길이 필요하다.

－《세계일보》(2016.5.26)

인공지능 시대
20만 명의 꿈나무

───────── ○

지난 3월 알파고와 이세돌 9단의 세기적인 바둑 대결은 인공지능 시대가 쓰나미처럼 밀려오고 있음을 실감케 했다.《사피엔스》의 저자 유발 하라리는 "2050년엔 70억 명이 밥만 축내는 존재로 전락할 가능성이 높으며 기존의 특정 직업훈련은 무의미할 것"이라고 예측했다. 최근 한국고용진흥원은 미래 사회에 인공지능이나 로봇으로 대체가 어려운 직업 30종을 발표했다. 살아남을 30개 직업 중에서 작가, 작곡가, 화가, 게임 프로그래머, 영화인 등 25개가 문화 예술 관련 직업이다. 기술 패러다임의 전환은 가치관의 변화를 가져온다. 인공지능과 로봇 중심의 4차 산업혁명 시대에는 역설적으로 감성과 소통을 높이는 인간과 문화에 대한 이해 능력이 가장 중요하다.

우리나라의 다문화가정 자녀가 20만 명을 넘어섰고 2030년대에는 100만 명에 달할 것으로 추정된다. 이들은 저출산 고령화 시대의 한국에 축복이지만 적극적으로 포용해 교육시켜야 하는 과제도 안겨 주고 있다. 사람의 일자리를 인공지능이 대체해 가는 미래에 대비하여 지연·혈연·학연의 네트워크는 취약하지만 문화적 다양성을 갖고 있는 다문화가정 청소년들에게 독특한 문화적 가치를 창출할 수 있는 교육 환경을 마련해 주어야 한다. 말과 글은 사고의 틀이고 문화와 지식의 결정체이기 때문에 다문화가정 자녀들이 어려서부터 엄마 나라의 언어를 익히는 것은 엄마 나라의 문화를 체화해 사고의 폭과 깊이를 배가시킬 수 있는 지름길이다. 이들이 한국어와 함께 엄마 나라의 말과 글을 배워 다중적인 사고의 틀을 갖게 하는 것이 우리 사회에 필요한 다양성과 창의성을 높이는 길이기도 하다.

미국의 저명한 언어학자는 어렸을 때부터 동시에 4개 언어를 배우게 하는 것이 사고의 폭을 넓히고 깊이를 더할 수 있는 좋은 방법이라고 한다. 문화는 한 사회의 예술, 문학, 생활양식, 가치관 등 독특한 정신적·물질적·지적 특징이다. 삶과 꿈이 농축된 엄마 나라 문화의 향수를 통해 예술적 감성과 문학적 상상력을 키워 줄 필요가 있다. 이를 위해 다문화가정 자녀들이 가정과 학교에서 엄마 나라의 문학, 음악, 미술, 영화, 애니메이션을 즐길 수 있는 교육 환경을 만들어 주는 것이 바람직하다.

이런 교육 기회를 통해 얻어진 다양한 인간과 문화에 대한 이해 능력은 인공지능 시대의 경쟁력이며 중요한 자산이다. 웅진재단은 다문화가정 자녀들이 엄마 나라의 언어와 문화를 배울 수 있도록 2008년부터 한국어와 엄마 나라 모국어로 '엄마 나라 동화'를 애니메이션으로 제작하여 활용하고 있다. 그동안 다문화가족 19만 명이 중국의 〈춘절 이야기〉, 일본의 〈우라시마 타로 이야기〉, 몽골의 〈마두금〉, 태국의 〈금망둥어〉, 베트남의 〈황금 거북이〉, 필리핀의 〈해와 달, 별의 전설〉, 아랍의 〈사자와 소 세 마리〉 등 8개 언어 180편의 '엄마 나라 동화'를 재단 홈페이지(www.wjf.kr)를 접속하여 이용했다.

다문화가정 자녀들이 엄마 나라의 언어와 문화를 익힌다면 결혼이민자 엄마에 대한 문화적 자부심을 갖고 떳떳하게 학교생활과 사회생활을 할 수 있을 것이다. 다양한 문화의 힘으로 무장한 다문화 청소년들이야말로 글로벌 시대를 주도하는 나라의 보배다. 다문화가정이 부끄러운 멍에가 아니라 자랑스러운 문화 여건이라 믿으면서 이들이 희망의 유전자를 꽃피우는 문화의 텃밭을 일구도록 뒷받침하자.

- 《세계일보》(2016.5.5)

다문화가정
꿈나무를 키우자

────── ○

웅진재단은 지난 8년간 열린 사회, 아름다운 세상을 위해 30여 개 지역에 합창단, 연극단, 무용단, 의료 관광 코디네이터 양성 등 다문화가족 지원 사업을 펼치고 있다. 이런 행사를 진행하면서 샛별같이 빛나는 다문화가정의 꿈나무들을 만났다. 다문화가정의 이종욱 군은 어려운 환경 속에서도 서울대학교에 진학하여 우주과학자의 꿈을 키우고 있다. '다문화'라는 장벽과 어려운 경제 여건 속에서 암 투병 중인 중국 이민자 출신 어머니를 모시고 이루어 낸 것이다. 웅진 과학 영재 장학생이기도 한 이 군의 도전 정신을 응원하면서 보람을 느꼈다. 이는 작은 인간의 승리이고 우리 모두의 희망이다.

서울 동대문구 다문화 어린이 연극단 '어울마당'의 신지원 양은 〈혹부리 영감〉 공연에서 '외딸아기' 주역을 맡아 경희대 크라운관의 800여 관객의 큰 박수를 받았다. 결혼이민자인 일본인 어머니는 딸의 연극 활동을 자랑스러워했으나 아버지는 학업에 지장을 준다면서 그만두기를 원하였다. 이에 신 양

은 매주 토요일마다 하는 연극 연습을 허락해 주면 학교 공부
도 더 열심히 하겠다고 약속하였다. 그 후 그녀는 우등생이 되
었을 뿐만 아니라 학교에서 학급 부회장으로 선출되기도 했다.
신 양의 어머니는 연극을 하면서 한국말도 늘고 사회성이 좋아
졌다면서 딸의 달라진 모습에 고맙다는 인사를 전해 왔다. 이
러한 활동으로 자신감과 자존감이 고취된 신 양이 미래에 한국
을 이끌 지도자로 성장하길 바란다.

　　그다음 해에 열린 이 연극단의 〈옛날 옛적에 삼신할머니
가〉 공연에서 칸 유스라, 아미나 자매가 삼신할머니와 딸 역을
맡았다. 결혼이민자인 파키스탄 아버지의 열렬한 지원에 힘입
어 연극 활동에 적극적으로 참여한 두 자매는 이국적인 미모와

뛰어난 노래, 춤 실력으로 장내를 압도했다. 그들은 이를 통해 삼신할머니의 실수로 남자들도 임신하게 만든다는 재미있는 한국 전래동화를 알게 되었고, 연기력과 무대에 대한 자신감도 높아졌다. 새로운 체험을 하면서 성장하는 두 자매는 연예인 가수 지망생으로 장래가 촉망된다. 순천의 '짱뚱이와 두루미' 어린이 합창단은 전국 다문화어린이 합창대회에서 은메달을 획득한 이 지역의 보배다. 베트남 결혼이민자 엄마를 찾아 한국에 온 '중도입국자녀' 브이티후엔 양은 이 합창단의 꽃이다. 뒤늦게 초등학교를 다니고 있는 그녀는 출중한 노래, 춤 실력으로 한국 최고의 팝 가수를 꿈꾸고 있다. 다문화가정과 한국 가정 어린이가 혼합 합창단 활동을 하면서 그들 간에 다문화에 대한 인식이 개선되고, 노래하면서 자연스럽게 어울리는 모습이 아름다워 보였다.

파주 출판도시에서 열린 '다문화 책 만들기' 어린이 캠프의 레크리에이션 시간에 '제기차기' 시합을 가졌다. 몽골 출신 결혼이민 가정의 유석진 군은 생전 처음 제기를 차는데도 불구하고 자유자재로 차고 다녀 참가자들의 환호를 받았다. 마치 운동화에 고무줄로 제기를 단 것처럼 5m 이상 높이로 차면서 깡충깡충 뛰어다니는 그의 천부적 운동감각을 발견하고 놀랐던 기억이 있다. 유 군이 체계적인 지도를 받아 장래에 세계적인 축구 선수로 성장하기를 기대한다. 수십만 다문화가정의 청소년들을 위해 분야별로 그들의 우상이 될 수 있는 '롤 모델'

을 만들어야 한다. 박세리 골프 키즈들이 세계 여자 골프계를 제패한 성공 사례처럼 분야별로 롤 모델을 따르는 자생적인 다문화 키즈 클럽이 탄생할 수 있는 풍토를 조성하여야 한다. 그들이 스스로 자신의 앞날을 개척하려는 열망을 가졌을 때 밝은 미래가 펼쳐질 것이다.

- 《세계일보》(2016.3.24)

의무교육서 소외된
9,000명의 아이들

──────── ○

남아프리카 '줄루족'이 사는 마을을 방문한 영국 인류학자가 마을 아이들에게 게임을 하자고 제안했다. 그는 근처 나무에 아이들이 좋아하는 과일 바구니를 매달아 놓고 가장 먼저 뛰어가 도착한 사람이 그것을 가질 수 있다면서 '시작'을 알렸다. 그런데 아이들은 모두 손을 잡고 '우분투 우분투' 하면서 동시에 도착하여 과일 바구니를 가져가 함께 나누어 먹었다.

그 인류학자는 신기하여 "너희들 중 한 명이 일등을 하면 그것을 다 차지할 수 있는데 왜 함께 손을 잡고 뛰어갔지?"라고 물었다. 그러자 아이들은 우분투를 외치며 "다른 사람이 모두 슬픈데 어떻게 저 혼자만 행복할 수 있나요."라고 대답했다. 우분투는 부족 말로 '네가 있기에 내가 있다.'는 뜻이라고 한다.

남아공 만델라 대통령의 사회 통합을 위한 화해와 공존 사상도 우분투 정신에서 나왔다고 한다. 이 시대를 사는 우리들은 아프리카 어린이들로부터 더불어 사는 상생과 배려의 공

273

동체 정신을 배워야 하지 않을까.

시야를 우리나라로 돌려 보자. 산 너머 남촌에는 누가 살고 있는지 궁금하지 않은지 묻고 싶다. 농어촌을 비롯한 전국 남촌에는 30만 다문화가정, 21만 명의 다문화 자녀들이 살고 있다. 우리나라 학생 평균 취학률은 초 97%, 중 96%, 고 90%인 데 비해 다문화 자녀들의 취학률은 초 93%, 중 75.5%, 고 35.3%에 그치고 있다. 심각한 취학률 격차가 불평등 사회와 불행의 씨앗이 될까 두렵다. 초등학교 취학 적령기의 다문화가정 어린이 4,500여 명과 중학교 취학 적령기의 다문화 청소년 4,400여 명이 학교를 다니지 않고 거리를 방황하고 있는 것으로 추정된다. 이들의 교육 실종 문제는 '강 건너 불'이 아니며 우리 모두의 책임이다.

우리나라는 60여 년 전 세계 최빈국이었던 대한민국 건국 초기부터 초등학교 의무교육을 실시하였던 위대한 전통을 가지고 있다. 이러한 교육입국에 힘입어 한국이 세계 10위권 경제 대국으로 발돋움할 수 있었다. 다문화가정 자녀도 우리의 소중한 아들딸이고 대한민국 국민이다. 이들을 의무교육의 사각지대에 계속 방치하는 것은 현대 문명국가에서 있을 수 없는 수치이다. 우리나라 헌법과 유엔인권헌장에 명시된 아동의 교육받을 기본 인권을 보장하여야 한다. 내 자식의 교육이 중요하듯이 이들의 교육도 똑같이 중요하다.

우분투 정신으로 다문화가정 청소년의 교육 실종 과제를

풀어야 한다. 이제라도 초등학교·중학교 미취학 다문화 청소년 9,000여 명이 왜 학교를 다니지 않고 있는지, 어디서 무엇을 하고 있는지를 정부가 실태 조사를 해야 한다. 이를 바탕으로 범사회적으로 힘을 모아 교육 해법을 찾아야 한다.

따뜻한 인간애로 이들을 글로벌 시대의 귀중한 인적자원으로 키우느냐 아니면 이들이 미래의 사회 불안 집단이 되도록 방치할 것인가는 우리의 선택에 달려 있다. 내일이면 늦으리! 오늘 호미로 막을 것을 내일 가래로도 막기 힘들다.

웅진재단이 운영하는 다문화가족 음악방송은 열린 사회, 아름다운 세상을 함께 열어 가자는 슬로건을 갖고 있다. 여러분께 8개 언어로 "안녕하세요"라는 인사를 하고 싶다.

센 베노(몽골어), 마간당 아라오(필리핀어), 씬짜오(베트남어), 사왓디 카(태국어), 앗살람 알라이쿰(아랍어), 니하오(중국어), 곤니치와(일본어), 즈드라스트 부이쩨(러시아어).

-《세계일보》(2016.3.3)

'인류 공헌해야 진짜 인재'
영재들의 영원한 멘토

─────── ○

"목표를 높게 설정하고 꿈을 키우세요. 목표에 대한 부담감으로 뒤로 물러서지 말고 계속 도전하세요. 그리고 남들이 가지 않은 새 분야를 찾아 개척하세요."

신현웅 웅진재단 이사장(전 문화체육관광부 차관)이 한국을 이끌 영재들을 비롯해 그들의 부모에게 전하는 메시지다. 신 이사장은 2008년 웅진그룹이 장학재단을 설립할 당시부터 인재를 키우는 일을 도맡아 왔다. 그는 지금까지 기초과학부터 예술계까지 각 분야 영재 300여 명을 발굴했고 그들이 세계를 무대로 뛸 수 있게 아낌없는 지원을 해 주고 있다.

국제수학올림피아드에서 한국인으론 처음으로 3년 연속 금메달을 차지하고 현재 하버드대에서 공부하는 김동률 씨, 러시아 마린스키발레단 수석 무용수이자 발레계 아카데미상이라 불리는 브누아 드 라 당스에서 올해 최고남자무용수상을 수상한 김기민 씨, 2014년 뉴욕콩쿠르에서 1위를 차지한 피아니스트 조준휘 씨 등 전 세계에서 두각을 나타내고 있는 이들은 모두 웅진 장학생 출신이다. 신 이사장은 여전히 그들에게 애정을 드러내며 부모님, 선생님 그리고 심지어는 함께 밥을 먹고 이야기를 나누는 친구 역할까지 자처한다. 현재 8기 장학생까지 선발한 신 이사장은 올해도 기쁜 소식에 미소가 한가득이었다. 웅진 8기 수학 장학생 주정훈(서울과학고 3)·최재원(서울과학고 2)·백승윤(서울과학고 2) 군이 글로벌 무대에서 쾌거를 이루고 돌아왔기 때문이다. "웅진재단 수학 장학생 세 명이 국제수학올림피아드에서 뛰어난 성적을 거두었습니다. 주 군과 최

2019 웅진 수학 영재 장학생 하계 멘토링. 셋째 줄 오른쪽부터 고경훈 케임브리지대 석사, 김동률 하버드대 석사, 박성기 하버드대 박사 과정, 여덟 번째 조영준(2019 IMO 만점, 세계 1위). 둘째 줄 오른쪽 두 번째 김다인 MIT 1, 오른쪽 네 번째 주정훈 서울대 3 (2016 IMO 만점, 세계 1위), 첫째 줄 오른쪽부터 이재진 웅진씽크빅 대표, 김민형 옥스퍼드대 교수, 김도한 서울대 명예교수, 필자, 이어령 초대 문화부 장관, 이춘호 이사, 손위수 위원, 문용호 이사(2019년 7월 27일, 한국프레스센터 20층 내셔널프레스클럽)

군은 만점을 받아 금메달을, 백 군은 은메달을 목에 걸고 돌아 왔습니다. 전 세계 수학 영재 602명이 모여 실력을 겨루는 대회였는데 정말 기특하죠."

신 이사장은 세계적 경쟁력을 갖춘 인재들을 발굴하는 예리한 눈도 갖췄지만 이들을 지원하는 멘토링 방식도 눈길을 끈다. "학생들이 각 분야 석학들과 고민과 이야기를 나눌 수 있는 기회를 정기적으로 갖고 있습니다. 때론 만남 자체가 자극이 돼서 더 큰 꿈을 꿀 수 있게 도와주는 역할을 합니다." 실제로 영재들의 멘토를 자처하고 나선 석학은 무려 60여 명에 이른다. 국내 최고 전문가 집단으로 구성된 이들은 영재들의 고민을 들어주고 성장에 보탬이 되고자 흔쾌히 재능 기부에 나섰다. 김도한 서울대 수학과 명예교수, 오세정 전 기초과학연구원 원장, 물리학자 임지순 교수, 이어령 초대 문화부 장관, 최태지 국립발레단 명예감독 등이 바로 영재들의 멘토다. "다양한 분야 석학들을 만난다는 건 의미가 큽니다. 수학·과학 영재들도 인문과 예술을 알아야 합니다. 미술·음악·역사에서 배울 수 있는 것이 너무나 많죠. 경험한 것이 많을수록 더 큰 상상력을 키울 수 있습니다. 마윈은 《아라비안 나이트》에서 알리바바의 영감을 얻었죠. 이야기 속 '열려라 참깨'라는 도적들의 주문에는 자동음성인식에 대한 아이디어가 담겨 있습니다. 이것이 바로 독서의 힘이고 인문학적 소양이 중요한 이유입니다."

신 이사장은 마지막까지 인성의 중요성을 거듭 강조하

웅진 예술 영재 트리오 연주(2009년 1월).
왼쪽부터 바이올리니스트 김영욱, 피아니스트 손정범, 첼리스트 이상은

며 아이를 키우는 부모에게 전하는 조언도 잊지 않았다. "재능을 가진 사람들은 그것을 당연한 것으로 여기면 안 됩니다. 국가와 인류 사회에 공헌할 수 있는 마음가짐을 갖도록 도와주세요. 과학자가 되든 예술가가 되든 마찬가지입니다. 뛰어난 재능으로 혼자만 잘사는 데 만족한다면 그 재능은 큰 의미가 없습니다. 아이들이 더 큰 꿈을 꿀 수 있게 도와주고 기다려 주세요."

- 이윤재 기자,
〈'인류 공헌해야 진짜 영재' 영재들의 영원한 멘토〉, 《매일경제》(2016.8.11)

지금은
책과 사색이 필요한 시대

───────── ○

히말라야산을 오르는 한국 등산 대원들이 산 중턱에서 현지어로 "짜르디 짜르디(빨리빨리)"하며 출발을 서두르면, 현지 셰르파는 "아직 영혼이 따라오지 않아 기다려야 한다."면서 "비스타리 비스타리(천천히 천천히)"라는 말과 함께 휴식을 즐긴다고 한다. 우리는 지난 수십 년간 앞만 보고 달리며 눈부신 경제 발전을 이루었지만, 선진국 문턱에서 더 나가지 못하고 방황하는 것 같다. 영혼의 실종 때문이다. 재도약을 위해서는 정신문화의 소중한 가치를 되찾아야 한다. 이는 현대를 사는 우리에게 신현웅 이사장이 하고 싶은 말이기도 하다.

머리가 아닌 가슴으로 해야 하는 사랑

신현웅 이사장이 몸담고 있는 웅진재단은 다문화가족 복지 지원 사업, 희귀 난치성 환아 지원 사업, 수학·과학·예술 영재 장학 사업 등 다양한 사회 공헌 사업을 하고 있다. 어렵고 힘들거나 도움이 필요한 이들을 위해 조용한 행보를 해 온 지어느새 10년. 신현웅 이사장에게 소회가 어떠한지를 물었다.

"김수한 추기경이 '사랑이 머리에서 가슴으로 내려오는데 70년이 걸렸다.'는 말씀을 하셨는데 저는 아직도 가슴까지 못 내려왔습니다. 다만 하심下心과 낮은 자세를 잃지 않으려는 노력을 하고 있습니다. 작은 사업들이지만 열린 사회, 아름다운 세상을 위해 기쁜 마음으로 최선을 다하고 있습니다."

신현웅 이사장은 문화체육관광부에 30여 년간 몸담았던 만큼, 문화와 예술에 대한 이해와 관심이 깊다. 그는 문화를 나누는 것이 우리 사회에서 발생하는 여러 문제를 완화시키는 방법 중 하나라고 생각한다.

"우리는 결혼이민 가족이나 이주노동자, 유학생 등 외국에서 온 이들에게 우리나라에 왔으니 우리 문화에 대해서 알아야 한다고 말합니다. 그러나 서로 진정으로 어울리기 위해서는 그분들을 한국화하는 것 못지않게 그분들을 따뜻하게 이해하는 자세로 상호 간 문화를 존중해야 합니다."

이런 그의 생각이 반영된 사업이 다문화가족 음악방송이다. 이 방송에서는 한국에 거주하는 다문화가족과 그 2세들을 위해 우리말과 영어를 포함한 10개국 언어로 원어민 앵커가 매일 24시간 방송하고 있다. 올해 초 베트남, 필리핀, 태국, 몽골 4개국 주한 대사가 특별 인터뷰에 나와 자국 동포에 대한 메시지를 전달할 정도로 다문화가족의 사랑을 받으면서 10년째 이어 오고 있다.

세계시민이 되기 위해 갖출 교양은 책

늘 책을 가까이하는 신현웅 이사장답게 인터뷰를 하기 위해 찾은 재단 이사장실에도 책이 가득했다. 특히 웅진재단이 선발·지원하고 있는 수학·과학·예술 영재들에게는 신현웅 이사장이 분기마다 유익한 책을 직접 골라 지원하고 있다.

"재단에서 지원하는 장학생들 중에 정말 우수한 학생이 많아요. 주로 수학·과학에 두각을 나타내고 있거나 예술 방면에서 뛰어난 재능을 보이고 있는 10대 청소년들입니다. 앞으로 인류 사회에 크게 공헌하는 인재가 되기를 바라고 있어요. 그런 학생들이 책을 통해 교양을 쌓는 일은 무엇보다 중요한 일입니다. 깊은 소양을 갖춘 세계시민이 되길 바라는 마음으로 책을 고릅니다."

신현웅 이사장은 재단 장학생들에게 친구 같은 존재다. 외국의 명문대학으로 진학한 학생들이 방학 때가 되어 귀국하면 공항에서부터 전화를 걸어 온다. 자신의 소식을 전하기도 하고, 밥 사달라며 조르기도 한다. 그들에게 신현웅 이사장은 '제2의 아버지'라고 불리는 사람이다. 세대를 뛰어넘는 독서와 예술을 즐기는 탓일까, 그에게서는 '격'의 차이를 두는 모습이 느껴지지 않는다. 장학생들이 그를 좋아하는 이유도 거기에서 비롯될 것이다.

책에 대한 애정이 남다른 신현웅 이사장이 최근에 즐겁게 읽은 책은 서울문화사 이정식 사장이 쓴 《시베리아 문학기행》이다. 이 책은 저자가 직접 시베리아 횡단 열차를 타고 푸시킨, 도스토옙스키, 톨스토이, 체호프, 이광수의 문학적 뿌리를 찾아가는 과정을 담은 여행 에세이다.

특히 춘원 이광수가 시베리아에 사는 조선인의 모습을 그린 글에서는 자신도 모르게 가슴이 찡했다. 이처럼 책을 통해서라면 시간과 공간을 넘어 지금껏 미처 알지 못한 세계로 가 있는 나를 만날 수 있다. 그래서 신현웅 이사장은 '책은 영혼을 밝히는 등불'이라고 생각한다. 내면을 깨우는 것 가운데 책만큼 깊숙한 곳까지 밝히는 빛은 없기 때문이다.

세종 같은 마음으로 문화를 바라보다

신현웅 이사장이 세종대왕을 우러르는 마음은 요즘 아이들이 아이돌 대하는 것에 뒤지지 않는다. 세종에 대한 오래된 책도 고이 모시고 있을 만큼 그의 업적과 사상을 기리고 있다.

"세종은 예와 악을 바로 세워야 한다고 주장하며 문화정치를 펼친 분이에요. 문화의 힘을 알기 때문이었죠. 본인이 언어학자, 음운학자, 작곡가로서 백성들과 함께하는 문화를 만드는 데 힘을 쏟았죠. 21세기는 문화의 시대라고들 합니다. 우리나라가 그동안 열심히 달려 외부적으로 눈에 띄는 성장을 해왔으니 이제는 내면이 성장해야 할 때인 것 같아요. 문화를 중시 여겼던 세종의 정신을 되살려 온 국민이 함께 즐기는 문화로 나라의 격을 높일 때라고 생각합니다."

문화는 어느 한 계층이 누리는 사치품이 아니다. 문화는 누구라도 즐기고 누릴 수 있어야 한다. 그래서 신현웅 이사장이 문화관광부에 있을 때도 문화를 좀 더 많은 이들이 향유할 수 있도록 하는 데 노력했다. 그는 문화야말로 모든 삶의 양식이라고 생각한다, 그래서 문화적인 삶을 살면 인생이 풍성해지고 아름다워질 수 있다고 믿는다.

네가 있기에 내가 있다는 '우분투' 정신

웅진재단이 하는 사업 중에 희귀 난치성 환아를 돕는 사업이 있다. 아픈 아이들은 아이들대로 힘들지만, 아이를 보살피는 부모들은 그 이상의 어려움을 겪고 있다. 경제적인 부분도 크지만, 정보나 소통이 원활하지 않은 것도 큰 어려움 중 하나이다. 병원에서는 증상만 치료할 뿐 병에 대한 전반적인 이해를 도와주는 것은 없다. 그래서 신현웅 이사장은 터너증후군, 다운증, 지방산 대사 질환 등 희귀 난치병을 앓고 있는 아이들과 보호자, 그리고 병에 대해 잘 모르는 많은 사람들을 위해 해당 질병에 대한 만화책을 발행했다. 쉽고 편하게 읽으면서, 자신의 병을 마음으로 이해하고 또 이를 이겨 내는 용기를 심어 주는 데 도움을 주기 위해서였다.

"만화책을 읽고 난 뒤, 감사하게도 보호자들의 편지를 많이 받았습니다. 이런 책을 좀 더 일찍 봤더라면 더욱 도움이 되었을 거라는 내용이었습니다. 내 아이가 어느 날 갑자기 이런 질환의 진단을 받았을 때 부모들의 심정은 막막할 수밖에 없습니다. 그런 부모들이 병에 대한 정보를 얻는다면 마음이 한결 놓일 거라는 생각에서 책을 펴냈는데 실제로 도움을 많이 받았다는 내용의 편지를 받으니 저도 기뻤습니다."

또 전문 의료진의 도움을 받아 선천성 대사이상 10개 질환 환아들을 위해 자동 식단을 개발해 웅진재단 홈페이지에 올려 지난 10년간 연 14만여 명이 활용하고 있다. 특별한 식사요법이 필요했던 아이들의 보호자들에게 큰 호응을 받고 있는 서비스다. 이처럼 지금 어려움을 겪고 있는 사람들에게 무엇이 필요한지를 마치 숨결 가까이까지 가서 깨우치고 만든 것 같은 사업들을 펼치는 데는 신현웅 이사장의 철학이 큰 몫을 한다.

"한 인류학자가 남아프리카 아이들에게 놀이를 하나 제안했다고 합니다. 과일 바구니를 놓고 가장 빨리 달려간 아이에게 그걸 모두 가지라고 한 것입니다. 그런데 아이들은 약속이라도 한 듯 모두 손을 잡고 '우분투, 우분투' 하면서 다 함께 뛰었습니다. 그러고는 과일을 같이 나눠 먹었습니다. 인류학자가 왜 그랬냐고 물으니 아이들이 '나 혼자보다는 우리 친구 모두가 함께 먹어야 행복하지요.'라고 답했다는 것입니다. '우분투'는 '네가 있기에 내가 있다.'는 뜻입니다. 우리도 그들의 상생 정신, 공동체 의식을 배워야 하지 않을까요?"

- 공주영 작가, 〈지금은 책과 사색이 필요한 시대〉,
《책&》(한국출판문화산업진흥원, 2017년 11월, 통권 469호)

제7부

열린 사회 아름다운 세상을 위하여

다문화 어린이 연극단 어울마당

김수환 추기경의
바보 사랑

———————— ○

> "안다고 나대고… 대접받길 바라고… 내가 제일 바보같이 산
> 것 같아요…. 사랑이 머리에서 가슴까지 내려오는 데 70년이
> 걸렸다."

- 김수환,《바보가 바보들에게》, 산호와진주, 2009

올해(2019년)는 김수환 추기경이 선종한 지 10주년이 되
는 해다. 그는 가난한 옹기장이 아들로 태어나 추기경 자리에
올랐지만 평생 가난한 사람임을 잊지 않고 나눔을 실천하고 지
혜와 사랑의 말씀으로 살아 있는 시대정신을 보여 줬다. 김 추
기경은 일생 동안 낮은 곳을 살피며 큰 사랑을 베풀고도 스스
로를 '바보'라고 책망하면서 자신의 사랑이 모자람을 항상 부
끄러워했다. 낮은 위치에 있을 때 겸손한 모습을 보여 주는 것
은 어려운 일이 아니나 온 국민의 추앙을 받는 성직자가 스스
로를 낮추고 나눔과 사랑을 실천하는 일은 쉬운 일이 아니다.
김 추기경은 항상 언행의 일치에서 나오는 겸손과 자신을 낮추

는 하심下心의 큰 힘을 우리에게 일깨워 줬다. 수십 년간 진솔한 사랑을 실천한 김 추기경이 사랑이 머리에서 가슴까지 내려오는 데 70년이 걸렸다면, 필자 같은 보통 사람은 사랑이 머리에서 입까지 내려오는 데에만 70년이 걸린 게 아닌지 자아 성찰하는 기회를 갖기도 했다. 광복 이후 세계 최빈국이던 우리나라가 압축성장을 하던 시절, 인권 신장과 민주화의 중요한 고비마다 김 추기경은 바른 길을 제시하고 겸손한 바보 사랑을 통해 국민의 마음을 하나로 모으는 데 결정적 역할을 했다. 최근 우리나라가 사면초가에 빠진 것 같다고 걱정하는 국민이 적지 않다. 이러한 냉혹한 국제 상황에서 온 국민이 단합하여 헤쳐 나가도 어려운 때에 갈등으로 사분오열된 상황이 더욱 염려스럽다. 외우내환外憂內患의 엄중한 위기 상황에서 국민의 신뢰와 존경을 받던 김 추기경 같은 큰 어른의 역할이 새삼 그리워진다.

－《동아일보》(2019.8.19)

핵가방을 든 청년
이어령

———————— ○

신설 문화부의 문화정책국장으로 황무지를 일구고 문화의 씨
앗을 심었던 시절을 돌아보며 이어령 장관의 팔상도八相圖를
그린다.

문화의 집을 지은 목수

서기 1990년 1월 3일. 세종로 문화부 청사에서 이어령
초대 문화부 장관의 취임식이 있었다.

"나는 황야에 집을 지으러 온 목수이다. 목수는 자신이
지은 새 집에 살지 않는다…." 장관의 목수론은 문화부 전 공무
원을 하루아침에 목공으로 만들었다. 그는 학자로서 40여 년간
쌓아 온 문화적 에너지로 '2000년대 문화주의 시대'를 선언하
고 문화 발전 10개년의 청사진을 발표하였다. 그리고 그는 취
임사대로 2년이란 짧은 기간에 문화라는 집의 네 기둥—우리
의 말과 글을 다루는 어문정책의 주춧돌인 국립국어연구원 설
립, 예술 영재를 키우며 예술 실기 교육의 새 지평을 여는 한국

예술종합학교 신설, 출판과 도서관정책의 일원화를 이룬 국립
중앙도서관의 이관, 세계적 수준의 우리 전통 공예 기술 전수
와 산업화를 꾀한 전통 공방촌 건립—을 세우고 어느 날 홀연
히 문화부를 떠났다.

　　새 시대를 맞아 그의 손길이 닿은 문화의 집에서 우리는
아름다운 음악과 그림을 감상할 수 있건만 그는 또 다른 문화
의 수맥을 찾아 발걸음을 옮겨 버렸다. 드골의 지원이 아쉬웠던
동양의 앙드레 말로, 이어령. 예술적 감각과 천재적 머리를 지
닌 그는 선지자적 예언 능력을 갖춘 진정한 문화의 목수였다.

북한 연형묵 총리를 국립극장에서 맞이하는 이어령 장관, 바로 뒤편 필자(1991년 9월)

핵가방을 든 청년

오전 9시면 어김없이 '핵가방'을 들고 출근하는 장관, 그 작고 검은 휴대용 컴퓨터는 2,000여 명의 문화부 직원들을 컴맹(컴퓨터 문맹)으로부터 벗어나게 한 은인이자 공포에 떨게 했던 핵폭탄이었다. 핵가방 속에는 그가 불면의 밤을 보내며 구상한 많은 정책들이 차곡차곡 저장되어 있었고 이것들은 다음 날 아침 실·국장에게 장관 지시 사항인 사랑의 쪽지로 전달되었다.

컴퓨터에 관한 그의 지식은 소프트웨어는 물론 하드웨어까지 꿰뚫고 있어 공학 박사를 능가할 정도였고, 그의 박식한 컴퓨터 지식은 한글 사랑에도 유감없이 발휘되었다. 평소 한글의 과학적 우수성과 언어로서의 아름다움을 강조했던 그는 컴퓨터에서의 한글 사용에 깊은 관심을 가지고 있었다.

이러한 그의 노력은 한글의 컴퓨터 코드를 완성형에서 조합형으로 바꾸고, 새로운 한글의 글자꼴을 만드는 데 실제적인 도움이 되어 제2의 한글 창제 사업을 이루었다.

21세기는 인류의 문명인 하드웨어보다 소프트웨어인 문화가 더 큰 가치로 부상한다고 말한 그가, 사고할 줄 모르는 컴퓨터에 그토록 심취했던 까닭이, 컴퓨터가 많은 정보와 자료를 아이디어로 재창조하는 데 편리해서였는지 아니면 사람에게 회의를 느낀 적이 있어서였는지 궁금하다.

20대 청년과 같은 열정으로 젊은 공학도들과 시간 가는 줄 모르고 토론하는 그는, 옛것을 소중히 여기는 전통성을 가슴에 두고 머리로는 컴퓨토피아에 살고 있는 미래인이었다.

세계적 이벤트 연출가

끝없이 좌절되었던 남북한의 역사적인 유엔 가입이 가결되어 유엔 가입국이 된 1991년 9월, 정부는 유엔 본부에 영구히 보관될 한국 문화와 역사의 상징을 결정하는 데 고심했다. 여러 의견 끝에 결정된 것은 외무부가 제안한 '신라 금관' 복제품이었다.

그때 이어령 장관은 우리가 세계 최초의 금속활자를 만들고 우리 고유 문자인 한글을 갖고 있는 문명국임을 주장하여 이미 결제가 끝난 '신라 금관' 대신《월인천강지곡月印千江之曲》의 금속활자본을 보내기로 결정을 바꾸었다.

이는 5000년 문화의 황금 어장을 갖고 있는 우리가 제각기 문화에 대한 자부심으로 나라 사랑에 말을 아끼지 않았지만, 정작 문화의 가치를 알고 그 척도를 가늠하는 데 있어서만큼은 문화 문맹아였음을 절실히 느끼게 한 일이었다. 지금도《월인천강지곡》은 유엔 본부에서 한국 문화의 우수성을 세계에 알리고 있다.

더불어 그는 한국의 전통음악을 살린 '소리여, 천년의 소리여'라는 대규모 경축 문화사절단을 유엔에 파견했다. 가는 달을 멈추게 할 정도로 아름답고 신비한 천년의 소리 공연은

LA 슈라인 오디토리엄과 뉴욕의 카네기홀에서 10여 차례의 기립 박수를 받았다.

현대 예술의 메카인 뉴욕에 퍼진 천년의 소리는 고요한 아침의 나라 한국을 세계만방에 알렸고, 전 세계 예술 평론가들은 입을 모아 한국의 예술을 높이 평가하여 《뉴욕타임스》, 《크리스천사이언스모니터》 등은 이를 대서특필하였다.

한국의 문화 르네상스 시대를 연 그는 금세기에 보기 드문 탁월한 문화 감각으로 많은 예술을 꽃피우게 했다.

까치 장관

(02)735-1990 까치 소리 전화.

1990년 1월 15일 오전 9시를 기하여 그는 우리나라에서는 최초로 문화부에 국민의 소리를 듣는 현대판 신문고를 설치하게 했다.

"줄리어드 음대처럼 우리도 특수 예술대학의 설립이 필요합니다."

"아이들이 대중가요에 심각하게 오염… 가수가 동요를 부르면 좋겠어요."

"국경일 행사에 우리 전통 국악을 연주했으면…."

깍깍 쉴 새 없이 울어 대는 까치 소리에 직원들은 눈코 뜰 새 없이 바빠졌고, 장관은 제언된 내용을 빠짐없이 정리·분석하여 정책 수립에 활용토록 했다. 장관이 출근해서 제일 먼저 챙기는 서류가 '까치 소리 전화 제언'이기 때문이었다.

그는 또 까치 소리 2세 전화로 각 기관의 전문성에 맞게 가나다 전화, 저작권 전화, 글방 전화, 아리랑 전화 등을 설치하여 담당 연구원들이 답변해 주도록 하였다. 작은 목소리에 귀 기울이며 절대로 그냥 지나치는 일이 없는 그의 완벽주의로 문화부 직원들은 몹시 피곤했지만, 까치 소리 전화가 우리나라 행정에 큰 변화를 가져온 것만은 사실이다.

"거, 이어령 장관, 까치처럼 말만 많았지 별거 아니여."라는 소리도 들었지만 이 제도는 현재 청와대를 비롯한 여러 부처, 정당, 단체에서 국민의 소리를 듣는 효시가 되었다.

폭풍우를 몰고 온 사나이

문턱 없이 일하기, 생색내지 않고 일하기, 사심 없이 일하기. 메마른 바위에 이끼 입히기, 문화 우물 터에 하나의 두레박 놓기, 문화의 불을 일으키는 부지깽이 되기.

오랫동안 천편일률적인 행정 용어만을 사용하고 거기에 젖어 있었던 공무원 사회에 등장한 낯설고 어색했던 이 표현들은 문화부 직원들을 대단히 당혹스럽게 했다. 그러나 시간이 지날수록 우리는 이 표현들이 문화의 바람을 일으키려는 생명력 있는 표현이며 또 한국적인 표현이라는 것을 알게 되었다.

공무원 사회에서는 찾기 힘든 그의 참신한 아이디어들은 새로움뿐 아니라 그 엄청난 양으로 우리를 질리게 했다.

"문화부는 반딧불처럼 사라져 가는 작은 생명을 지켜 주는 곳"이라면서 "앞으로 10년 동안 매년 문화 예술의 해를 지정하여 특정 예술 분야를 집중 지원하라", "이달의 문화 인물을 선정하여 한국인의 재발견 운동을 펼쳐라", "정월 대보름에는 통일 민속 잔치인 답교놀이를, 단오에는 그네놀이를 열어라", "남북 음악인이 한데 어울린 송년 통일 전통음악회를 개최하라" 등 한여름 폭우 같은 주문들이 쏟아졌고 우리는 그의 재임 내내 이 폭풍우 속에서 생활했다. 때로는 천둥과 번개까지 동반한 그의 아이디어 속에서 치러졌던 문화부의 중요 행사 때마다 비가 내렸던 것은 우연인지 필연인지 알 길이 없었지만 여러 의미에서 그는 우리의 레인 맨Rain Man이었다.

신들린 문화 선교사

이어령 문화 학교는 수많은 문화 선교사를 배출시켰다.

"문화부 직원들이여, 상상력을 가져라. 민족의 상상력이 고갈되면 그 나라의 역사는 끝난다."

행정을 관장할 한 나라의 장관 연설로는 너무 감성적이라고, 여기가 이화여자대학교 강단인 줄 아는 모양이라고들 수군댔지만 문화부 직원들은 2년간의 월례 조회와 간부회의 그리고 직원 연찬회 등에서 그의 문화 특강을 메모하느라 수첩이 모자랄 정도였다. 깨알 같은 그 메모들은 하나하나가 모두 주옥같은 문화 메시지들이었다.

또 건국 이래, 그만큼 신발이 닳도록 많은 문화 행사장을 쫓아다니며 즉석에서 원고 없이 축사를 하는 장관은 찾아보기 힘들었다. 백두산에서 마라도까지 모든 국민과 함께 문화를 나누고 싶었던 그는 민들레의 씨를 허공에 날리는 것처럼 아름답고 진실한 우리의 문화, 생활 속의 문화를 전파했다.

가족 의식이 국가 의식보다 강하다고 소집단 모임인 문화 가족을 만들게 했고, 취향과 소질에 맞게 문화적 소양을 가꿀 수 있도록 각종 문화 학교를 열었다. 그리고 나비와 꽃의 이론으로 지금까지의 앉아서 기다리는 자세에서 벗어나 능동적이고 열린 문화로 전환시킨 움직이는 국립극장, 국악원, 박물관, 도서관, 미술관 등은 오늘도 전 국토를 누비며 계속 달리고 있다.

꿈꾸는 장관

"우리 문화부는 감동 있는 문화행정을 펴 나가겠습니다."

그는 대한민국 행정부 25개 부처의 장관이 모인 국무회의에서 관례를 무시하고 문화 강연을 벌여 웃음과 신선한 충격을 던진 꿈꾸는 장관이었다.

타 부처 법안의 '노견'을 '갓길'로, '전시 접수국 협정'을 '전시 지원 협정'으로 바꾸게 하는 등 번뜩이는 그의 아이디어들은 행정 용어 순화로 이어져 해당 부처 장관들을 여간 놀라게 하지 않았다. 또한 국무회의를 각 부처 장관들의 보고장이

이어령 장관과 필자(1991년 6월 덕수궁)

남북통일음악회 후 조상현 명창이 북한 서도창 명창 김진명을 업고 무대인사하는 장면(1990년 12월)

아닌 국정을 논의하는 국무위원들의 회의장으로 바꾼 것은 그의 공로였다.

이렇게 국정을 논의하는 그의 마음 한구석엔 전 국토의 문화 공간화를 이루고자 하는 꿈이 있었다. 그 첫걸음으로 문화 불모지대의 자투리땅을, 누구나 참여하고 누릴 수 있는 휴식처가 되도록 상계동과 금호동 등에 야외 공연장과 편의 시설을 갖춘 쌈지공원을 만들었다.

그러나 40여 년간 문화를 연구하고 생각한 결정들이 때로는 현실을 모르는 꿈꾸는 행정이라고 비판을 받을 때도 있었다. 그때마다 "남이 하지 않으려는 일을 할 때는 언제나 모진 바람을 맞는다."라고 설명하는 그에게서 소박한 인간미를 느낄 수 있었다.

문화주의자의 미완성 교향곡

그는 미래를 준비하는 문명비평가이며 문화주의자다. 다가오는 21세기는 문화의 세기로 마음이 통하는 정보통신 시대가 될 것이라며, 문화외교 강화를 통해 우리 문화의 세계 수출을 이루고자 했다.

이런 취지에서 세계적인 작곡가 펜데레츠키로 하여금 〈교향곡 제5번 '한국'〉을 작곡하게 했고, 일본에 한국문화통신사의 파견을 기획하기도 했다. 그리고 전통성, 예술성, 실용성을 갖춘 한국적인 정서가 담긴 고부가가치 문화 상품을 개발하라고 강조했다. 끝이 없는 그의 문화론을 전부 이해한다는 것은 경직된 사고의 공무원들에겐 버거운 일이었으나, 잠든 의식을 깨우는 데 큰 도움이 되었었다.

이제 그는 자유인 이어령으로 돌아갔다. 장관 재임 동안 우리는 그를 칭찬하는 데 인색했다. 그와 함께 숨 쉬며 꿈을 공유했던 그 시절을 기억하며, 오늘 우리의 안목으로 그의 문화관을 평가하는 것은 경솔한 일일지도 모른다는 생각이 든다.

프랑스의 문화성 장관 앙드레 말로는 "시대정신을 국가 이념으로 만들어 낼 수 있지만 그 정서적 추진력은 꿈의 공유를 통해서만 가능하다."라고 강조했다.

가끔씩 문화주의자인 그를 보면서 미완성 교향곡을 연상하게 된다. 그것은 그에게, 과거에 이룬 것보다 앞으로 이룰 것이 훨씬 더 큰, 무한한 상상력과 가능성이 잠재해 있기 때문이다. 그리고 문화란 천년을 두고 울리는 소리가 아닌가.

- 이어령 회갑 기념문집, 《64가지 만남의 방식》, 김영사(1993)

송곡松谷 임광수의
팔상도八相圖

──────── ○

백두산 호랑이

임광수 회장은 호상虎相이다. 백두산에서 백두대간을 타
고 내려와 소백산맥 줄기 충청북도 청주에서 태어난 호랑이다.
청풍명월淸風明月의 정기를 타고난 문기文氣도 갖춘 무인상武人

알래스카 여행 중 임광수 회장(왼쪽에서 네 번째)과 함께 서울대총동창회 임원들(2010년 8월)

相이다. 호랑이의 기상에 범인凡人들은 주눅 들기 십상이다.

'청주산清州産 호랑이는 말은 느려도 행동은 빨라유!'

한국 건설업 1호 목수木手

그는 1927년 한국 토목건설업 1호 기업인 임공무소林工務所를 부친으로부터 가업으로 이어받아 임광토건을 키워 온 목수이다. 특히 공공의 이익을 위해 큰 건축물을 지어 헌납하는 목수이다. 충북협회 회장 시절에 서울 개포동에 300여 명의 충북 출신 대학생이 숙박할 수 있는 충북학사忠北學舍를 짓고, 서울대학교 공대 동창회장 시절에는 건평 900평 규모의 엔지니어하우스를 건립해 장학 사업의 초석을 놓았다. 서울대학교 총동창회장 재임 시에는 건평 6,500평, 시가 1,000억 원이 넘는 장학빌딩을 건립해 매년 50억 원 규모의 장학·학술 지원 사업을 할 수 있는 기틀도 마련했다. 모래알 같다는 서울대인을 특수강보다 단단한 서울대인으로 접목시킨 대목장이자 연금술사이다. 인류에 공헌할 수 있는 인재를 키우려는 대목장大木匠의 꿈은 영원히 꽃을 피울 것이다.

58세 열정적 청년

그는 산술적 연령 85세, 육체적 건강 58세, 정신 건강 48세의 열정적 청년이다. 정면을 응시하는 곧은 자세의 58세 청년이다. 눈이 오나 비가 오나 하루도 거르지 않고 두세 시간 요

가와 산책으로 다져진 건강으로 피곤을 모르는 열정의 사나이
다. 58세 청년의 건강과 열정으로 건강·스포츠 아카데미를 개
설해도 될 정도의 건강 전도사이다.

'모두에게 알려다오, 건강의 아름다움을!'

즐기면서 일하는 서울대학교총동창회장

그의 본업은 서울대학교총동창회장이고, 부업은 임광토
건 회장이다. 서울대학교총동창회장을 천직天職으로 알고 보람
을 갖고 즐기면서 일하는 그의 모습이 아름답다. 2002년부터
총동창회장직을 12년간 수행하면서 단과대학 중심의 동창회를
명실상부하게 종합대학인 서울대학교총동창회로 통합시켰다.
상대인, 공대인, 의대인을 넘어 서울대인으로 단합시킨 그의 리
더십은 단연 돋보였다. 단과대학 동창회 모임에 500여 명이 모
이면 총동창회 모임에는 200여 명이 모이곤 했다. 이제는 서울
대학교총동창회 신년교례회에 1,300여 명이 모일 정도로 대통
합을 이뤘다. 이와 함께 30만 명 서울대인의 정성을 모아 한강
을 조망할 수 있는 장학빌딩(지상 19층, 지하 6층)을 마포에 우뚝
세웠다. '조국祖國은 바꿀 수 있어도 모교母校는 바꿀 수 없다.'는
인식을 동문들 가슴에 새긴 분이다. 열정과 활력이 넘치는 그의
추진력은 전설이 되어 서울대학교 역사에 길이 남을 것이다.

꿈꾸는 북청 물장수

그는 종종걸음으로 새벽녘을 맞이하는 함경도 북청 물
장수이다. 50여 년간 한 우물을 파 큰 기업을 일구어 낸 근면한
북청 물장수이다. 근검절약이 몸에 밴 그를 짠 소금이라고 하
는 사람도 있으나, 그는 빛과 소금의 의미를 알고 소금의 사회
적 역할을 묵묵히 실천하는 문화사업가이다. 알뜰살뜰 커피점
카드 포인트도 모아 만든 정재淨財로 카네기 재단 못지않은 사
회문화 공헌 사업을 꿈꾸는 북청 물장수이다.

역사의 힘 아는 엔지니어

그는 대학의 역사적 전통이 얼마나 중요한지를 알고 행
동하는 지성인이자, 역사의 힘을 이해하는 엔지니어이다. 그는
2008년부터 서울대학교 역사적 정통성을 되찾는 개교원년開校
元年 바로 세우기 운동을 주도했다. 1946년은 경성대학과 법학,
의학, 사범 등 9개 전문학교를 통합한 서울대학교의 개교원년
이다. 외국에 나가면 서울대학교가 60여 년의 역사를 지닌 신
생新生 대학치곤 괜찮은 편이라고 비웃는 사람을 만나곤 한다.
우리나라는 고구려의 태학太學, 신라의 국학, 고려의 국자감, 조
선의 성균관, 일제강점기의 경성제국대학 등, 1600여 년의 국
립대학 역사를 지닌 문명국가이다. 1895년 고종 황제의 칙령에
의해 법과대학의 모태인 왕립 법관양성소가 설립되었다. 근대
커리큘럼의 법학 교육을 실시해 이준李儁 열사, 함태영咸台永 부

305

통령 등 47명의 1기 졸업생을 배출했다. 그는 2010년 10월 일부 모교 교수들의 반대를 설득하고 모교 최고 의결기관인 평의원회의 만장일치를 이끌어 내어 1895년을 국립 서울대학교 개학 원년으로 확정시켰다. 모교의 잃어버린 역사를 되찾아 118년의 위상과 자긍심을 지닌 대학으로 승격시킨 셈이다. 이는 훗날 서울대학교가 세계 명문대학으로 발돋움하는 데 큰 밑거름이 될 것이다.

그는 "조국의 미래를 알려거든 눈을 들어 관악을 보라." 라는 말과 같이 국민의 기대를 아는 선각자이다.

문예춘추 읽는 석공石工

그는 돌다리도 두드리고 건너는 신중한 석공이다. 거칠고 메마른 토목건설업계에서 매월 일본 『문예춘추文藝春秋』를 정독하고 세계 정세를 파악하면서 도로·항만을 건설하는 박식한 석공이다. 또한 그는 공대 재학 시절에 최승희崔承喜 선생의 수제자로부터 한국무용을 배우기도 한 춤꾼이다. 지난 55년간 문화적 바탕 위에서 건실하게 사업을 하여 부실 공사를 한 번도 하지 못했다(?)는 우직한 석공이다. 벽돌 한 장, 돌 한 개를 정성껏 놓아 천년의 탑을 쌓듯이, 문화와 창조적 노동의 가치를 아는 모범 건설인이다. 한눈팔지 않고 한길을 뚜벅뚜벅 걸어 온 그의 모습이 위풍당당하다.

사미인곡 부르는 열부烈夫

그는 사미인곡思美人曲을 부르는 열부이다. 수년 전 40여 년간 심장병으로 누워 있던 부인이 별세했을 때, 임 회장이 애달파하며 낙담하고 쓸쓸해하시던 모습이 눈에 선하다. 병든 부인을 40여 년간 정성껏 간병한다는 것은 쉬운 일이 아니다. 그러나 "부인이 누워 있어도 집안의 중심이 되고 화목한 가정의 버팀목 역할을 톡톡히 했다."라는 사부思婦의 비가悲歌가 아직도 찡하게 가슴에 남아 있다. 다복한 가정을 이루고 자식 농사 잘 지은 적덕지가積德之家의 비법祕法이 여기에 있다고 생각된다. 자손들과 함께 열부문烈夫門을 세워 드려야 할 텐데!

– 신현웅 글,《집념執念의 컴도저》(서울대학교총동창회, 2013)

문봉文峰 윤석금의
참전용사 사랑

———— ○

6·25전쟁 발발 71년이 지났다. 우리는 북한군과 중공군으로부터 목숨을 바쳐 한국의 자유민주주의를 지켜 준 유엔군 장병들의 희생과 헌신 덕분에 자유와 번영을 구가하고 있다. 6·25전쟁 3년간 미군 178만 명이 참전하여 3만 3,000명이 전사하고 3,700명이 실종되었다. 미군 장성의 아들 142명도 한국전에 참전하여 밴플리트·클라크 장군의 아들 등 사상자 35명이 나왔다. 워싱턴 D.C. 링컨기념관 옆 한국전쟁기념공원 비문에 "한국은 그들이 전혀 알지 못하는 나라와 만나 본 적이 없는 사람을 위하여 조국의 부름에 호응한 아들딸들에게 경의를 표한다."라고 적혀 있다. 그분들의 희생과 은혜를 한국인은 잊을 수 없다.

한국전 참전 미군 용사를 소리 없이 도운 한 기업인이 있다. 웅진그룹 윤석금 회장은 한국전 전쟁고아 신호범의 파란만장한 인간 승리의 자서전《공부 도둑놈, 희망의 선생님》출간을 인연으로 수십 년 교류하며 참전용사와 한국 동포를 조용히

한국전 참전 미군 용사 윤석금 회장 초청 사은 잔치 후.
왼쪽부터 신호범 워싱턴주 상원 부의장, 아이다호주 참전용사회장, 최지원 샛별예술단장,
워싱턴주 참전용사회장, 윤석금 회장, 오리건주 참전용사회장, 필자(2008년 9월)

도왔다. 신호범 박사는 서울역 앞에서 떠돌던 거지 전쟁고아가 미군 장교에 입양되어 미국에서 초등학교부터 고교까지 검정고시를 거쳐 버밍엄대학교에서 박사 학위를 받은 입지전적인 인물이다.

그 후 신호범 박사는 대학교수를 거쳐 정계에 입문하여 워싱턴주 하원의원, 상원 부의장을 하면서 한미 우호 증진과 동포 지위 향상에 헌신한 분이다. 신 박사는 올림피아시 워싱턴주 의사당 경내에 한국전 참전기념비를 주정부와 동포들의 후원을 얻어 건립하고 참전용사 자손과 동포 자녀의 장학 사업을 펼쳤다. 윤석금 회장은 신호범 박사의 한미 장학재단 설립부터 적극 도운 최대 후원자다. 윤 회장의 또또사랑 실천이다.

10여 년 전 윤석금 회장은 워싱턴주 타코마시 컨벤션센터에서 한국전 참전 미군 용사 600여 명 초청 오찬에서 샛별예술단 한국무용 공연을 보여 주고 예쁜 한국 자개함을 선물하였다. 이태식 주미 대사는 수천km를 달려와 참전용사 사은 잔치에 참석해 행사를 빛내고 노병들에게 따뜻한 감사의 메시지를 전달했다. 워싱턴주, 오리건주와 캐나다 밴쿠버시에서 온 참전 노병들은 눈물을 글썽이며 윤 회장에게 '한국의 발전이 자랑스럽고 한국인이 잊지 않고 감사를 표해 주어 고맙다.'고 인사했다. 제2차 세계대전에도 참전했다는 한 노병은 '미군이 목숨 바쳐 자유를 찾아 주었는데 고맙다고 인사하는 프랑스 시민을 만나 본 적 없다.'며 한국인에게 너무 고맙다고 말했다.

윤석금 회장은 20년 전에 시애틀 소재 샛별문화원의 건립 기금 10만 달러를 후원하고 1만 권의 한국 도서도 기증한 그림자 천사다. 샛별문화원 최지연 원장은 미국 서북부 지역과 캐나다 서남부 지역의 현지 주민과 동포 그리고 한국전 참전용사를 수십 년 돕고 있다. 한국음악과 무용을 전공한 최 원장은 지난 38년간 동포 자녀 30~40명으로 구성된 샛별예술단을 운영하고 있으며 거쳐 간 예술단원이 1,500명이다. 그동안 샛별예술단은 미국, 유럽, 아프리카, 한국에서 2,200회의 공연을 하고 매년 연말 정기 공연에 참전용사 수백 명을 초청하고 미군 참전용사회 행사에서 수십 차례 위문 공연을 했다.

필자는 미국 방문길에 시애틀 컨벤션센터에서 열린 샛별

예술단 송년 공연에 참석했다. 눈 내리는 밤, 100여 명의 한국
전 참전 미군 용사가 자녀와 함께 수백km를 달려와서 휠체어
를 타고 공연을 보며 눈시울을 붉히는 장면을 지켜보며 가슴이
찡했다. 18세 어린 나이에 듣지도 보지도 못했던 먼 나라 한국
전쟁에 참전했던 용사들이 90세가 되었다. 한국인의 은인 한국
전 참전 노병들이 세상을 많이 떠나고 있어 안타깝다.

미국 초·중고생 연 3,500명이 샛별문화원을 방문해 한
국문화 체험을 하고 수천 명의 동포와 자녀들이 한국문학 도서
를 빌려 가 한국 문화에 대한 갈증을 풀고 있다. 샛별문화원이
미국 서북부 지역에서 한국 문화의 발신 기지 역할을 충실하게
수행하고 있어 기쁘다. 작년에 신호범 박사가 별세하고 최근
샛별문화원 최지연 원장의 사부인 베다니교회 최창효 목사 소
천 소식에도 코로나 핑계로 장례식에도 참석하지 못했다. 윤석
금 회장이 뿌린 또또사랑의 작은 씨앗이 민들레 꽃씨처럼 미국
사회에 널리 널리 퍼지길 기대한다.

한국전 참전 미군 용사 초청 행사에서.
왼쪽부터 신호범 박사, 윤석금 웅진그룹 회장, 이태식 주미 대사(2008년 9월)

한국전 참전 미군 노병들(2008년 9월, 미국 워싱턴주)

나의
생활철학

———————— ○

나는 평소 확고한 생활철학을 갖고 있지 않아 부끄럽게 생각하고 있다. 빈약한 내면의 세계를 내보이는 것이 두렵지만, 나의 생활철학과 이를 반영해 내가 추진하고 있는 사회 공익사업을 소개하고자 한다.

첫째, 나는 '문화주의'를 신봉하고 이를 실천하려 노력한다. 나는 문화의 힘과 예술의 힘을 믿는 문화주의자이다. 문화주의는 문화와 사회를 연결한다. 무엇보다 문화적 접근에 의해 사회적인 문제를 해결하는 예술과 문화의 적극적이고 능동적인 역할을 중시한다. 예술은 인생의 의미를 깊게 하고 영혼을 살찌게 하는 한편 감각적 감성의 미묘한 즐거움과 사색의 자유로운 즐거움도 주기 때문이다.

나는 예술과 문화의 힘으로 이해의 다리를 잇고 소외된 분들을 돕는 격조 있는 문화 사회를 꿈꾼다. 특히 음악의 아름다움을 전파하고 음악으로 사랑을 나누고 싶다. 우리 사회의 외롭고 소외된 분들이 어려운 일을 당했을 때, 음악은 나 홀로 남겨지지 않았다는 유대감을 안겨 주고 이들의 약해진 의지를 북돋아 준다. 이와 같이 음악은 삶을 풍요롭게 해 주는 생명력이 긴 예술이다. 이들의 약해진 의지를 북돋우는 데 음악은 큰 위안이 된다. 나는 문화가 이끄는 따뜻하고 아름다운 세상을 만드는 문화 도우미가 되고 싶다.

둘째, 나는 열린 마음을 사랑하고 열린 사회를 지향한다. 이를 '열린주의'라고 표현하고 싶다. 단일민족의 동질성과 민족문화에 대한 자긍심이 유난히 강한 우리 사회는 자칫 폐쇄적인 사회로 흐르기 쉽고, 다른 문화와 종교를 가진 이주민을 포용하고 배려하는 마음이 미흡하다고 나는 생각한다. 또한 우리나라는 OECD 국가 중 가장 출산율이 낮아 결혼이민자와 외국노동자를 받아들일 수밖에 없는 현실이다.

우리는 칼 포퍼가 말하는 열린 사회의 적敵인 민족적 국수주의Chauvinism, 종교적 원리주의Fundamentalism, 독재적 국가사회주의Fascism에 함몰되지 않도록 경계해야 한다.

유령처럼 떠도는 인종차별을 없애고 다른 종교와 문화에 대한 이해와 존중을 길러야 하며, 모두가 어울리되 조화를 이룬 화이부동和而不同의 성숙한 사회를 지향해야 한다.

인종·종교·이념의 벽을 넘어 진정한 열린 사회, 다문화 사회를 구현하는 데 다소라도 기여하고 싶은 것이 나의 꿈이다. 우리는 혼자 살 수 없고, 서로 돕고 의존해야 하는 엄연한 현실이 있다. 열린 마음과 포용력은 지구촌 사회에서 살아가야

하는 우리의 생존 전략이다. 지구촌 시대에 다인종·다문화 사회를 만드는 데 도우미 역할을 하고 싶다.

셋째, 나는 '원융회통圓融會通' 사상을 이어받아 아름다운 세상을 위한 소통疏通의 도우미가 되기를 희구한다. 다문화, 다종교, 다민족이 하나 되어 아름다운 한 세상을 이루는 꿈을 갖고 있다. 나는 불교 신자는 아니지만 서로 다름을 인정하면서도 보다 높은 차원에서 조화롭게 소통하여 대화합, 사회 통합을 이루는 원융회통의 사상이 우리에게 필요하다고 생각한다.

새로운 소외 계층이 되어 가고 있는 한국 내 많은 결혼이민자와 이주노동자들을 문화적으로 따뜻하게 보듬고, 이들이 우리 사회의 한 축을 담당하는 건강한 공동체 구성원이 될 수

제10 전투비행단에서 F-5B 전투기 조종석에 타는 필자(예비역 공군 중위, 1998년)

있도록 돕는 사회적 소통의 도우미 역할을 하고 싶다. 사회적 약자에 대해 더 배려하고 더 보살펴 주는 사회가 선진 문화 사회다.

나는 오랜 공직 생활을 마친 후, 나라와 사회가 나에게 베풀어 준 은혜와 사랑을 조금이라도 되갚았으면 좋겠다는 생각을 해 보곤 하였다.

마침 잘 아는 국내 대기업 오너 한 분이 사회 공익 재단을 설립하고 싶다면서 나에게 이를 맡아 달라는 부탁을 했고, 평소 그분의 경영철학과 인생 역정에 공감을 느낀 나는 다소 생소한 민간 재단을 2008년부터 운영하고 있다.

나는 재단을 맡은 이래 기존의 여러 사회 공익단체의 손길이 미치지 않는 그늘지고 소외된 지역의 어려운 이웃을 찾아내려 애썼다. 그들에게 따뜻한 손길을 내미는 문화 복지 사업을 펼치기로 하고, 우선 우리에게 현실로 닥치고 있는 다인종·다문화 사회문제를 창의적이고 문화적으로 접근하는 사업을 시작하기로 했다.

지금 우리나라 농어촌 총각의 41%가 외국 여성과 결혼하고 다문화가족은 20만 가구에 달하며, 이주 외국인 노동자도 급증해 현재 한국에 살고 있는 외국인이 120만 명에 육박했다. 우리가 충분히 자각하지 못하는 사이에 어느덧 다문화 사회는 우리의 현실이 되었다.

그러나 이들 다문화가족이 한국에서 생활하고 뿌리를 내

리는 데 심각한 갈등과 어려움을 겪고 있다. 특히 다문화가정 자녀의 중·고교 진학률이 각각 60%와 30%에 그치고 있는 점이 시사하듯, 다문화 사회문제는 시간이 갈수록 그 충격과 후유증이 심해져 향후 우리 사회가 풀어 나가야 할 중대한 과제로 등장하고 있다.

언어 소통 문제, 사회문화적 고립과 편견 등으로 어려움을 겪고 있는 다문화가족을 문화적으로 따뜻하게 보듬고, 이들이 건강한 사회 공동체 구성원이 되도록 돕는 첫 사업이 바로 '다문화가족 음악방송'이었다.

2008년 8월 15일 개국한 국내 최초의 다문화 방송은 ㈜디지털스카이넷과 제휴, 국내 거주 외국인이 많은 중국어·베

제주에서 열린 제79회 전국체전의 개막 선언을 하는 필자.
첫째 줄 김대중 대통령 내외분, 둘째 줄 김운용 대한체육회장(1998년)

트남어·필리핀어·태국어 등 4개 언어로 방송을 시작하였으며, 2009년 9월 1일부터는 아랍어·러시아어·몽골어·일본어 등 8개 언어로 확대해 하루 24시간 각국의 음악과 생활 정보 프로그램을 내보내고 있다. 해당 8개국 원어민 앵커가 언어별로 하루 6시간씩 진행하고 있는 이 방송은 각국의 동요, 민요, 인기 가요 등을 들려주면서 그 나라의 소식과 문화도 소개하고 있다.

이러한 프로그램은 다문화가족의 외로움과 향수를 달래 주고 자신들의 문화적 정체성과 자긍심을 심어 주는 데 주안점을 두고 있다.

또한 한국 소식과 한국의 동요, 가요도 들려주면서 한국의 문화와 전통을 소개하고 한국 생활에 필요한 지혜와 정보도 제공한다. 특히 국립국어원의 협조를 얻어 진행하고 있는 한국 말 배우기 코너는 다문화가족으로부터 큰 호응을 받고 있다.

원어민 앵커가 해당 외국어와 한국말로 음악과 문화를 소개하는 방송은 공익 재단이 국내에서 처음 시도하는 어려운 사업이지만, 우리 사회가 본격적인 다문화어·다인종 세계화 시대로 진입하고 있어 오히려 뒤늦은 감이 없지 않다.

특히 문화적 다양성과 이중 언어 능력을 지니고 있는 다문화가정의 자녀들을 미래 한국의 인적자원으로 키우는 데 도움을 주는 것이 바로 이 방송의 참된 목표 중 하나이다.

나아가 이 방송이 우리 국민으로 하여금 외국 이주민들

에 대한 이해와 관심을 높여 외국 문화에 열린 마음을 갖는 데 도움이 되고, 다른 문화권과의 문화 교류의 교량 역할도 하기를 기대하고 있다.

이 방송을 시작하면서 어려웠던 점은 각국의 음악과 문화 자료를 다량 확보하는 일이었다. 서울 주재 해당국 대사들을 만나 방송 자료를 협조받았으며, 부족한 점은 현지에 출장을 나가서 수집하기도 하였다.

방송의 성격상 앵커의 역할이 절대적인 만큼 현지어를 표준말로 구사하고 한국어가 유창한 지적인 인물을 구하는 데 애를 먹었다. 주로 서울대, 이화여대 등에 유학 온 학생들 중 선발했다. 아랍어 앵커의 경우 언어 사용권의 방대함과 국익 등을 감안해 카이로 일류 대학인 아인샴스대학교 한국학과의 첫 졸업생을 현지에 출장 가서 직접 선발했으며, 러시아 앵커는 1897년 개설된 상트페테르부르크대학교 한국어과 졸업생을 뽑았다.

해당국 주한 대사들은 한결같이 방송 개국에 환영과 감사의 뜻을 표하면서 방송 자료와 앵커 추천에 협력을 아끼지 않았다. 이들은 자신들이 해야 할 일을 대신해 줘 고맙다면서 이 방송은 한국민의 뛰어난 사회문제 해결 능력을 다시 한 번 보여 주는 것이라고 과찬을 하기도 하였다.

현재 이 방송에 대한 다문화가족의 호응이 날로 높아지고 있으며, 필리핀과 이집트에서도 청취자가 소감을 보내 오기도 한다. 베트남어 앵커 황밍옥이 받은 편지의 사연은 가슴을 뭉클하게 한다. "저는 원주에 사는 신랑 유정섭입니다. 나의 어린 신부 깜에게 힘 좀 주세요 지난 토요일에 한국에 왔는데 울기만 해요. 엄마가 보고 싶은 모양이에요. 좋은 노래로 우리 신부에게 힘 좀 내게 해 주세요." 또한 한국에 온 지 9년이 됐다는 몽골 애청자는 한국말 배우기 시간이 되면 단어와 문장을 받아 적기 위해 노트를 찾느라 바쁘다고 한다.

아무쪼록 다문화가족 음악방송이 앞으로 국내 외국인들이 겪고 있는 사회문화적 갈등과 어려움을 덜어 주고 상처를 치유하는, 우리 사회의 소통자 겸 문화 도우미 역할을 할 수 있었으면 하는 바람이다.

정부 수립 50주년, 한국오페라 50주년 기념 〈순교자〉 공연 후
문화관광부 차관 시절 필자와 출연자 일동 기념촬영 (1998년 9월)

다문화가족 음악방송은 8개 언어로 인사말을 한다. 니하오, 씬짜오, 마간당 아라오, 사왓디 카, 곤니치와, 센 베노, 앗살람 알라이쿰, 즈드라스트 부이쩨. 다들 '안녕하세요'라는 뜻이다. 그들과 우리 모두, 한국 땅에서 안녕하고 싶다.

−《계간 철학과 현실》(철학문화연구소, 2010년 여름호)

열린 사회가
우리의 살길

——————— ○

1980년대 초 열사의 나라 중동에서 3년간 근무했다. 힘들고 어려울 때 '가고파' 같은 고국의 노래를 들으며 활력을 되찾았던 추억이 떠오른다. 그 당시 사우디아라비아에는 우리 근로자 14만여 명이 더위를 잊은 채 건설 현장을 누비고 있었다. 한국에서 유행하던 가곡이나 대중가요는 이들에게 신바람이 나게 했다.

　　외국 근로자들이 중동에 대거 몰려왔던 것처럼 이제 우리나라에도 많은 외국인이 우리와 이웃하여 살고 있다. 다문화가정이 30만 가구를 넘어섰고 외국인이 174만 명으로 전체 인구의 3.4%에 달한다고 한다. 외국 이주민들이 겪는 언어 소통의 어려움, 사회문화적 고립과 편견, 가정 폭력, 열악한 가정교육, 취약한 보건 의료 서비스 등으로 사회문화적 충격과 갈등이 심해져 우리 사회가 풀어 나가야 할 중대한 과제로 등장했다.

　　웅진재단은 이러한 문제의 심각성을 인식하고, 다문화가정과 외국인 노동자들을 위해 첫 번째 복지 사업으로 '다문화 음악방송'을 개설해 지난 8년간 꾸준히 송출하고 있다.

"여러분과 함께 열린 사회, 아름다운 세상을 열어 갑니다."라는 시그널 멘트로 시작하는 음악방송은 '열린 사회'를 지향한다. 단일민족으로 민족문화의 자긍심이 강한 우리 사회는 자칫 폐쇄적인 사회로 흐르기 쉽고 다른 문화와 종교를 가진 이주민을 포용하고 배려하는 마음이 다소 미흡하다. 우리나라는 OECD 국가 중 출산율이 가장 낮아 우리 사회의 역동성을 유지하기 위해서는 결혼이민자와 외국 노동자를 받아들일 수밖에 없는 게 현실이다.

다문화 음악방송은 다른 민족, 종교와 문화를 이해하고 존중하며 모두가 어울려 조화를 이루는 다원화된 열린 사회를 만드는 데 작은 도우미 역할을 하고 있다. 이 방송은 8개 언어의 원어민 앵커가 이주자들의 고국과 한국 음악을 들려주고 보건 의료, 교육, 법률, 취업 등 생활 정보 프로그램도 제공한다. 한국에 이주한 외국인들의 문화적 향수를 달래 주고 한국 사회 적응에 도움이 되도록 편성하고 있다. 음악은 삶을 풍요롭게 해 주는 생명력이 긴 예술이다. 음악의 힘으로 이해의 다리를 잇고 소외된 분들을 보듬는 아름다운 세상을 만드는 문화 도우미의 역할을 하고 있다.

이 방송은 인터넷과 위성방송, 스마트폰, 케이블TV 등 6개 미디어 16개 채널로 하루 24시간 방송하고 있다. 결혼이민자의 일방적 한국화보다는 이들의 언어와 문화를 자녀와 배우자, 시부모나 처부모가 함께 배우고 존중하는 '상호 문화주의'가 필요하다.

웅진재단은 홈페이지에 8개 언어 160여 편의 '엄마 나라 전래 동화' 애니메이션도 올려 놓고 있다. 이는 다문화가정 자녀의 교육에 일조하기 위함이다. 21만 명에 이르는 다문화가정 자녀의 취학률이 초등학교 93%, 중학교 75.5%, 고등학교 35.3%에 그치고 있다.

이들은 국제화 시대에 소중한 미래 인적자원이다. 엄마 나라 언어와 문화를 어려서부터 배우고 익혀 장래에 주베트남 한국 대사, 주몽골 한국문화원장 등 엄마 나라와의 가교 역할을 기대한다. 한국어와 엄마 나라의 언어를 동시에 배울 수 있는 기회를 제공하는 것도 우리의 소명이다.

- 《세계일보》(2016.1.28)

예악정치로 문화의 나라를
《세종, 대한민국 대통령이 되다》

———————— ○

한류와 K-팝 등의 여파로 문화의 힘을 실감하는 요즘. 30여 년을 문화체육관광부에 몸담았던 신현웅辛鉉雄 웅진재단 이사장은 세종대왕을 떠올려 보곤 한다. 훈민정음 창제와 더불어 '종묘제례악'을 작곡할 만큼 언어와 음악의 힘을 바탕으로 정치를 펼친 세종의 선견지명에 감탄하던 그에게 《세종, 대한민국 대통령이 되다》(신봉승 저)는 단연 고개를 끄덕이게 할 만한 책이었다.

웅진재단에서 수학·과학·예술 분야 영재들을 위한 장학 사업을 운영하는 신 이사장은 분기마다 3~4권의 책을 직접 골라 지원하고 있다. 《세종, 대한민국 대통령이 되다》도 아이들을 위한 책을 고르면서 접하게 됐는데, 평소 세종대왕의 문화정치에 관심이 있던 그에게는 더욱 흥미롭게 다가왔다.

"21세기는 문화의 시대라고 하잖아요. 그동안 정치적 성장이나 경제적 기적은 많이 이루어 왔는데 이제는 명실공히 문화 국가를 만들어야 할 때가 온 것 같아요. 세종은 '예禮와 악樂을 갖춘 사람이 덕인德人'이라 했는데, 그 정신을 되살려서 나라의 격도 더 높이고 온 국민이 문화와 더불어 화평하게 사는 세상을 기대하는 마음으로 재미있게 읽었어요."

책의 저자인 극작가 신봉승은 현 정부 부처의 장 자리에 조선시대 명현들을 대입해 이상적인 정치가의 표상을 제시했다. 대통령에 세종대왕, 국무총리에 오리 이원익, 기획재정부 장관에 퇴계 이황 등 20명이 등장한다. 1998년부터 이듬해까지 문화관광부 차관을 지낸 그에게 문화체육관광부 장관으로 선정된 연암 박지원에 대해서는 어떻게 생각하는지 물었다.

"박지원은 과거에 낙방하고 스스로 학문을 깨치기 위해 베이징과 열하에 가서 직접 그들의 학문과 문화를 접하고 돌아왔죠. 그때 탄생한 것이 바로 《열하일기》고요. 사실 문화라는 것이 그래요. 어떠한 법칙이나 이론으로 국민들을 일부러 계도한다 해서 되는 것이 아니잖아요. 자신의 경험을 통해 눈을 뜨고 그것이 몸에 배서 우러나는 것이죠. 그러한 식견과 유연한 사고방식을 가진 연암을 문화체육관광부 장관으로 꼽은 걸 보면 저자 역시 문화에 대한 가치관이 잘 갖춰진 분이라 생각해요."

법으로 다스리지 말고, 예를 가르쳐라

"법으로 규제하면 피동적인 국민이 되고, 예禮를 가르치

면 스스로 알아서 행동하는 상식적인 국민이 된다." 교육과학
기술부 장관으로 꼽힌 사계 김장생이 남긴 말이다. 신 이사장
은 문화도 지식의 차원을 넘어 피부로 접할 수 있어야 한다고
설명한다.

"모든 것을 법이나 정책으로 해결하면 한계가 있어요. 하
지만 예가 갖춰지면 자연히 사람 도리를 하게 되고, 질서가 생
기게 되죠. 그런 과정이 '본本'이라 할 수 있고 거기에 덧붙여
지는 지식이나 법 등을 '말末'이라 할 수 있어요. 아이를 교육
할 때도 예를 가르치는 것이 기본이고, 간혹 나타나는 비행 청
소년들을 훈계하기 위한 부수적인 방법으로 법을 적용하게 되
는 거죠. 이게 거꾸로 되면 사회가 아주 삭막해지고 황폐해져
요. 문화도 마찬가지죠. 먼저 음악도 듣고 예술 작품도 보며 문
화를 몸에 배게 하려는 노력이 필요해요. 그 뒤에 지식이나 정
책 등이 어우러져야 잘 흡수가 되는 거죠. 제가 문화관광부에
있을 때도 깊은 철학과 신념은 없었지만 그런 것에 의미를 두
고 일하려고 노력했어요."

신 이사장은 문화란 모든 삶의 양식이라 말한다. 문화적
인 삶을 살면 인생이 풍성해지고 아름다워질 수 있다는 것. 나
이가 들수록 일상을 단조롭게 느끼는 이들이 많지만, 다양한
문화를 향유하는 사람은 그만큼 할 일이 많아 지루할 틈이 없
다고 한다.

"예전에는 음악 한 곡 들으려면 얼마나 어려웠는지 몰라

요. 지금은 간단하잖아요. 해외 공연이나 유명 미술품을 만날 기회도 많아졌고, 찾아보면 알뜰하게 문화적 욕구를 해결할 수 있는 방법이 많아요. 저도 좋은 책을 많이 읽으려 하고, 영화나 공연도 보면서 틈틈이 글도 쓰고 있어요. 특히 발레 공연은 거의 다 볼 정도로 좋아해요."

'짜르디 짜르디' 하지 말고 '비스타리 비스타리'

여유가 생기면 해외여행도 어렵지 않으니 얼마든지 여러 나라의 문화를 경험해 볼 수 있는 요즘이다. 신 이사장은 다른 나라의 문화를 이해하고 존중하기 위해서는 그 나라의 언어를 알아야 한다고 말한다. 그만큼 문화와 언어를 한몸처럼 생각하는 그는 2008년 다문화가족 음악방송을 개국했다. 타지에서 외롭게 살아가는 다문화가족을 위해 각 나라의 DJ가 모국어로 모국의 음악과 소식, 한국 생활에 필요한 정보 등을 제공한다. 다문화가족 음악방송을 이야기하는 신 이사장의 눈빛에서 문화에 대한 그의 진심 어린 애정과 신념이 느껴졌다.

"1970~1980년대에 영국과 사우디아라비아에 문화공보관으로 있었을 때가 생각나요. 고향 생각에 힘들 때 다른 무엇보다 '그리운 금강산'이나 '가고파' 같은 노래를 듣는 게 가슴 찡한 위안이 되던 때였죠. 지금 우리나라에 와 있는 외국인들이 17만 명이 넘어요. 그들을 돕는다고 돈을 얼마나 많이 줄 수 있겠어요. 그럴 수 없다면 그들 나라 노래 한 곡이 더 큰 위로가 되지 않을까 하는 마음에서 시작하게 됐죠. 물론 많이 알려진 것은 아니지만 실제 모국의 언어가 그립고 소통이 간절한 외국인들에게는 희망이고 활력이 되는 존재예요."

신 이사장은 오래전부터 해외를 방문하게 되면 그곳의 시나 노래를 그 나라 언어로 외워 가며 존중을 표하고 있다. 그에게 가장 기억에 남는 외국 시 한 구절을 부탁하자, 그보다는 재미있는 에피소드를 하나 들려준다고 했다.

"네팔 히말라야산맥 등반대를 가이드하는 현지인을 '셰르파'라 하는데, 그들 말이 한국 사람은 너무 '짜르디 짜르디' 한다는 거예요. '짜르디'는 '빨리'라는 뜻인데, 걷다가 중간에 쉬면서 자연도 감상하고 해야 하는데 한국인들은 재촉하기 바쁘대요. 그럴 때면 셰르파들은 '아직 영혼이 따라오지 못해서 몸이 갈 수가 없다.'며 '비스타리 비스타리(천천히 천천히)' 휴식을 즐긴다고 해요. 근데 그것을 보니 지난 수십 년간 앞만 보고 일에만 매진하며 달려온 한국 중·장년들이 생각났어요. 이제는 너무 '짜르디 짜르디' 하지 말고 지난날도 되돌아보면서 철학적인 면에서 자신을 다스려 보기도 하고, 앞으로의 여정도 살펴봤으면 좋겠어요. 영혼이 올 때까지 기다린다는 셰르파들의 말처럼 이제는 '비스타리 비스타리' 하면서 영혼을 살찌우는 문화적인 삶을 즐기면 어떨까요?"

－《브라보 마이 라이프》(2015년 10월호)

다양성과 포용력은
오늘의 시대정신

──────── ○

히말라야산을 오르는 한국 등산 대원들이 산 중턱에서 짧은 휴식을 취한 후 네팔어로 "짜르디 짜르디(빨리빨리)"하며 출발을 서두르면, 현지 셰르파는 "아직 영혼이 따라오지 않아 기다려야 한다."면서 "비스타리 비스타리(천천히 천천히)"하며 좀 더 휴식을 즐긴다고 한다. 우리가 후진국이라고 생각하기 쉬운 네팔인의 '여유의 미학'이 부러울 때가 있다.

우리는 지난 수십 년간 앞만 보면서 빨리빨리를 외치며 달려와 눈부신 경제 발전을 이루었으나 선진국 문턱에서 10여 년째 방황하고 있다. 영혼의 실종 때문이다. 재도약을 위해서는 우리가 잃어버린 정신문화의 소중한 가치를 되찾고 열린 마음으로 다양한 외국 문화를 받아들여야 한다. 그래서 큰 용광로에 녹여 한 차원 높은 문화를 재창조해야 한다. 이와 함께 우리나라 가구 공장 등 3D업종에서 일하고 있는 네팔인을 포함한 수십만 이주노동자들의 문화를 존중하고 그들을 보듬고 사랑하는 문화시민 의식이 필요하다.

우리나라에는 다문화가족, 이주노동자, 유학생 등 174만 명의 외국 이주민이 살고 있다.

10년 전 러시아에서 온 결혼이민 여성 타리아나 씨는 생활 풍습이 전혀 다른 이국에서 아들을 낳고 피아노 학원 강사, 합창단 반주자로 일하면서 알콩달콩 살고 있다. 그녀는 문학, 음악, 발레 등 찬란한 문화 전통을 가진 고국 러시아에 대한 자부심이 대단하다. 독일 나치군과의 전쟁터에서 숨진 러시아 병사들은 알렉산드르 푸시킨의 시집을 가슴 속 깊이 품고 있었다고 한다. 그녀의 아들과 남편, 시부모들이 러시아어로 푸시킨의 시 한 수를 읊을 수 있다면 훨씬 더 행복한 다문화가정이 되지 않을까?

"예슬리 쥐즌 찌뱌 압마닛, 니 뻬챨쌰 니 세르지스! 젠 우 느니야 스미리스, 젠 비쎌랴 베르 나스타닛(삶이 그대를 속일지라도 슬퍼하거나 노여워하지 말라! 슬픔의 날을 참고 견디면 기쁜 날이 오고야 말리니)."

또한 우리나라에는 이집트, 요르단, 이란, 시리아 등 중동 국가에서 많은 유학생이 와 있다. 중동 지역은 수천 년 전부터 천문학, 과학, 수학, 문학을 찬란하게 꽃피운 인류 문명의 발상지이다. 우리가 잘 아는 《천일야화(아라비안 나이트)》에는 '알리바바와 40인의 도적들'이 바위산에서 "열려라, 참깨", "닫혀라, 참깨" 하면서 보물을 숨기는 장면이 있다. 이는 오늘날 자동음성인식기를 발명하는 원천이 됐다. '하늘을 나는 양탄자' 이야기는 오늘날 새처럼 하늘을 나는 항공기 탄생의 꿈을 꾸게 했다. 그들의 문학적 상상력을 받아들여 우리의 문화를 살찌워야 한다.

우리는 중동 국가를 건설과 수출의 전진기지만으로 인식하는 우를 범하기 쉽다. 서로 다름을 인정하고 그들의 역사, 문화와 종교를 존중하여야 한다. 그 바탕 위에서 문화, 교육, 관광, 스포츠 등 다양한 분야의 교류, 협력을 촉진시켜야 한다. 다양성과 포용력은 지구촌 사회에서 더불어 살아가야 하는 우리의 생존 전략이며 오늘의 시대정신이다. 다문화 사회에 관심을 가져 달라는 의미에서 8개국 언어로 '고맙다'는 인사를 전하고 싶다.

깜언(베트남어), 살라맛 포(필리핀어), 바야를라(몽골어), 컵쿤캅(태국어), 슈크란(아랍어), 셰셰(중국어), 아리가토 고자이마스(일본어), 스파시바(러시아어)!

　-《세계일보》(2016.2.11)

런던의
백화점에서

———————— ○

20여 년 전 영국 주재 한국대사관에서 근무할 때 있었던 일을 생각하면 지금도 얼굴이 화끈거린다. 주말에 런던의 H백화점에서 쇼핑을 하고 있을 때 갑자기 비상벨 소리가 울렸다.

　나는 놀라서 본능적으로 비상구가 있는 에스컬레이터를 찾았고, 군대 시절에 배운 대로 그쪽으로 재빨리 몸을 날렸다. 순식간의 행동으로 비상구에 일등으로 도착, 안도의 숨을 쉬고 있었다. 그런데 숨을 돌리고 보니 무엇인가 잘못된 것 같은 이상한 분위기를 느꼈다. 호흡을 가다듬고 주위를 살펴보니 이게 웬일인가. 영국인들은 모두들 천천히 움직이고 있었다. 그들은 아주 천천히 질서 있게 비상구를 향해 걸어오고 있었다. 그런 가운데서도 어린이와 여성이 우선이었다.

　알고 보니 비상벨이 울린 것은 기계 오작동 때문이었다. 다급한 순간에 오히려 여유 있게 행동하는 것이 영국인들의 시민 정신이란 걸 깨달으면서, 혹시나 그들이 내가 외교관이란 걸 알게 될까 부끄럽기만 했다. 긴급 상황이 발생하면 혼자만

살겠다고 뛰는 것이 어느덧 내겐 몸에 밴 습성이 돼 버렸던 것이다.

　나중에 알게 됐지만, 영국 경찰은 사람들이 많은 거리나 공공장소에서는 아무리 급해도 뛰지 않는다. 한 경찰에게 이유가 뭐냐고 물었더니 "경찰이 뛰면 시민이 불안해하니까."라는 것이었다. 그들은 또 갖고 있는 무기라고 해야 나무 몽둥이에 불과했다. 이유는 "경찰이 권총을 가지면 범인들은 기관총을 갖게 되지 않겠느냐."는 것이었다.

- 《조선일보》(1999.2.11)

이젠 '빨리빨리'가 아니라
천천히 정확하게

─────── ○

서두르면 질質보다 양量 추구
'사고事故공화국' 못 벗어나

에베레스트산을 오르는 등반대는 현지 셰르파들의 도움
을 받아 산 정상으로 향한다. 힘든 등반 도중에 셰르파들의 요
구로 잠시 휴식을 취하게 되는데 한국 등반대는 짧게 쉬고 "빨
리빨리(짜르디 짜르디)" 출발하자고 한다.

그러나 셰르파들은 아직 영혼이 따라오지 못했으니 영혼
이 올 때까지 기다려야 한다며 "천천히 천천히(비스타리 비스타
리)" 하면서 정신적인 여유와 기다림의 의미를 중요시한다.

우리는 지난 30여 년간 경제 발전을 위해 밤낮없이 일했
고, 어느 정도 물질적인 풍요를 누리게 되었다. 그 과정에서 빠
른 것이 좋다는 인식은 은연중에 생겼고 질보다는 양이나 겉치
레를 중시하는 풍조도 생겨났다.

빨리빨리 가기 위해 새치기를 하고, 빨리빨리 돈을 벌기
위해 법을 지키지 않고, 빨리빨리 출세하기 위해 병역 의무를

빼먹는 경우가 적지 않다.

단시일 내에 도약을 이루었다는 자부심이 여지없이 허물어지는 수치스러운 후진국 현상이다. 그 결과, 고속도로를 완공하자마자 보수부터 하고, 멀쩡해 보이는 다리와 겉이 화려한 백화점이 무너져 내리고, 어처구니없는 화재로 엄청난 인명 피해를 내기도 했다. 국내외적으로 망신스러운 사건들이다.

우리가 경제의 체질 개선을 위해 구조조정을 하고 있듯이 정신적인 면에서도 우리 내면에 깔린 빨리빨리의 사고와 행동의 틀을 구조조정하는 것이 그 무엇보다도 시급하다. 우리가 세계시민이 되는 첫걸음은 모든 것을 '빨리빨리' 하는 증후군을 극복하는 데서부터 시작해야 되겠다.

셰르파가 영혼이 오기를 기다리듯, 돌다리를 두드려 보고 건너라는 선조들의 말씀을 되새기며 이제 우리도 조급증과 대충주의에서 벗어나야 한다. 새천년에는 생각할 수 있는 여유와 예의를 갖추고, 기다림의 아름다움을 아는 문화시민으로서의 삶을 누렸으면 한다.

-《조선일보》(1999.11.13)

인간의 삶을
풍요롭고 아름답게

———————— ○

서기 2000년! 문화의 세기가 오고 있습니다.

먼 훗날의 이야기처럼 요원하기만 했던 21세기가 2년 후면 우리 눈앞에 펼쳐집니다. 21세기에는 전 지구인이 타임캡슐을 타고 우주 공간을 넘나들 줄로 상상했던 것이 실감 나지 않을 때가 더러 있습니다.

21세기는 문화가 지배하는 시대입니다.

인간의 삶을 한층 풍요롭고 아름답게 만들어 가는 문화시대가 요구하는 것은 지능지수IQ보다 감성지수EQ가 앞선 인간주의적인 사람들로 21세기의 비전과 전략인 지방화, 국제화, 정보화에 절대적으로 필요한 문화 마인드를 소유한 사람이어야 합니다. 문화시대를 향해 뛰어가는 사람들은 따뜻한 감성과 부드러운 인성으로 사고할 줄 알아야 합니다.

언제부터인가 무한 경쟁 시대에 들어서면서 저마다 앞만 보고 정신없이 뛰다 보니 어느 순간 자신이 왜 뛰는지, 어디를 향해 뛰는지 자문할 때가 있습니다. 그러다가 스스로를 되돌아

보면 인생이 허무해 세상 일을 접어두고 어머니의 품 같은 고향으로 홀쩍 떠나 버리고 싶을 때가 있습니다. 어머니의 품처럼 정이 넘치는 그곳, 고향 땅으로!

넓은 벌 동쪽 끝으로 / 옛이야기 지줄대는 실개천이 회돌아 나가고 / 얼룩백이 황소가 / 해설피 금빛 게으른 울음을 우는 곳 / 그곳이 차마 꿈엔들 잊힐리야.

— 정지용, 〈향수〉

충북 출신의 정지용 시인이 노래한 것처럼 내 고향, 증평은 군내에서 가장 넓은 평야가 전개된 곳입니다. 증평중학교 앞 빨간 벽돌 공장집 큰아들이었던 나의 유년 시절은 벌거숭이 채로 멱을 감던 개울과 느티나무가 우거진 마을의 증평국민학교에서부터 시작되었습니다. 개구쟁이로 소문난 나와 같은 반이었던 송기중 박사(현 서울대학교 교수)가 몇 년 전 건네준 증평국민학교 시절의 작은 '자연 공책'은 그 당시의 추억을 고스란히 전해 주는 보물로 지금도 서재에 잘 보관하고 있습니다.

20년이 넘는 오랜 세월 동안 문화정책의 초석을 다지며 외길을 걸어 왔습니다. 문화 분야의 많은 일을 하면서 가장 힘들었고 큰 공을 들였던 2002년 한일 월드컵 축구대회 유치에 열정을 쏟은 만큼 그 귀추를 지켜보고 싶습니다.

앞으로는 21세기 도시문화 환경 조성을 위해 특히 내 고향 증평을 문화도시로 가꾸는 데 기여하고 싶습니다. 그러기 위해서는 우리 증평읍이 가까운 시일 내에 증평시로 승격되도록 노력하는 한편 문화 시대를 대비한 도시 문화 운동을 시작했으면 합니다. 지방자치제가 실시된 1995년 이후 각 도시마다 문화 예술을 활용한 문화 활동 및 문화 프로그램 구성과 문화 기반시설 확충 등 그 도시의 특색에 맞는 환경을 조성하고 있습니다. 그리고 지방마다 매력적인 도시 창출을 위한 다양한 노력으로 도시의 특성을 개발하고 관광자원화하여 마케팅까지 할 수 있도록 도시 활성화에 주력하고 있습니다. 큰일도 처음에는 아주 작은 일부터 시작되듯이 이 글이 지역 발전에 작은 힘이 되어 우리 증평읍도 삶의 질을 높일 수 있도록 차근차근 도시 문화 운동에 접근할 수 있는 계기가 되었으면 합니다.

　　이 지면을 빌려 증평초등학교 22회 졸업생 여러분이 베풀어 주신 후의와 격려에 마음 깊이 감사의 뜻을 전합니다.

-《증평문화》(증평문화원 증평향토문화연구회, 1998년 제2집)

열사熱砂의 땅에 흘린
땀과 눈물

─────── ○

앗살람 알라이쿰! 안녕하세요! 1970~1980년대 중동 지역 열사
의 땅에 흘린 한국 건설 노동자의 땀과 눈물을 기억하시나요?

100만 명이 넘는 한국인이 사우디, 두바이, 리비아 등 건
설 현장에서 일했다. 중동 건설은 10여 년간 한국 외화 수입의
80%에 해당하는 700억 달러를 벌어 와서 한강의 기적으로 불
리는 경제 발전의 밑거름이 되었다. 1980년대 초 사우디아라비
아에서 3년간 근무할 때 50도를 넘나드는 사막에서 모래바람과
싸우며 피땀 흘려 일하던 한국 노동자의 모습이 눈에 선하다.

사우디아라비아는 선지자 무함마드가 태어나고 이슬람
을 창시했던 '메카'와 무함마드의 성묘가 있는 '메디나'라는 두
성지를 관리하는 이슬람 종주국이다. 전 세계 18억 명 무슬림
이 하루 다섯 번 메카 카바 신전을 향해 예배드린다. 사우디에
살면서 예배 시간을 알리는 모스크의 '알라후 아크바르(신은 위
대하다)' 아잔 소리에 마음의 평온을 느끼게 되었다. 1973년 한

여름밤, 사막에서 휴양을 마치고 타이프 여름 별장으로 돌아오던 파이잘 왕은 멀리 보이는 긴 횃불 행렬이 무엇인지 알아보라고 했다. 삼환건설이 밤중에 횃불을 들고 고속도로 공사를 하는 현장이었다. 국왕이 한국인의 근면, 성실성에 감동을 받아 한국의 사우디 건설 참여에 큰 도움을 주었다.

가끔 TV에 사우디 국왕이 민정 시찰 중 줄을 선 수백 명 백성들을 만나는 뉴스가 나온다. 허름한 차림의 백성들이 국왕을 만날 때 고개를 숙이지도 않고 포옹한 후 이야기를 나누고 주머니에서 쪽지를 꺼내 국왕께 드리기도 한다. 현지 언론인에게 그들이 국왕께 무슨 말을 하는지 물어봤다. 백성이 '우리 집

주사우디아라비아 한국 대사 장예준을 만나는
아랍 뉴스 편집국장 Dr. Saud Islam과 필자(1981년 10월)

양 울타리가 부서졌으니 도와 달라', '아들이 결혼하는데 마호르(결혼 지참금)가 없으니 도와 달라'는 온갖 민원에 대해 국왕은 성심껏 돕는다고 했다. 현장에서 신문고를 운영하는 따뜻한 정치다.

아라비아 대상隊商은 수천 년 전부터 낙타에 특산물을 싣고 수천 리 사막을 오가며 무역을 한 상인들이다. 인내심이 강하고 신의를 중시한다. 아랍 상인과 비즈니스를 할 때 아랍어 세 단어의 숨겨진 뜻을 알 필요가 있다. '인샤알라'는 '알라가 원하면'이란 뜻이지만 상황에 따라 의미가 달라지고 미래에 어떤 일이 일어날지 모른다는 뜻이다. '부크라'는 '내일'이지만 다음 주, 다음 달, 내년의 뜻으로 사용되고 현재로서 미래의 것을 약속하기 어렵다는 의미다. '마알레쉬'는 '괜찮아', '미안해'라는 뜻이다.

현대건설은 20세기 최대 공사 주바일 산업항 건설 때 울산 조선소에서 만든 10층 높이 철 구조물을 대여섯 개씩 뗏목에 싣고 수십 차례 1만km를 항해하여 항만에 설치했다. 공사비를 절약하고 공기를 단축시킨 기상천외의 건설 신화다. 정주영 회장이 백사장에서 노동자와 벌이던 씨름 경기는 그 당시 한국 기업 노사 화합의 상징이다.

1981년 한국은 사우디에서 70억 달러 건설 수주를 하고 14만 명 한국 노동자가 400여 개 건설 현장에서 일했다. 2차 오일쇼크 때 낮은 정부가로 한 해에 60억 달러어치 석유를 사 왔다. 한국 상품 수출액도 10억 달러에 달해 사우디아라비아는 한국 경제의 구원자였다.

술과 오락이 없고 로맨스는 꿈도 꿀 수 없는 한국 노동자는 오직 가족과 나라를 위해 열심히 일했다. 수만 리 떨어진 이국에서 가족이 보내온 편지를 읽고 음성 편지가 담긴 카세트테이프를 듣는 것이 유일한 낙이었다. 사막에서 달밤에 가족의 편지를 읽으며 흘린 눈물이 한강처럼 흘렀다.

최근 대한민국역사박물관을 관람했다. 근현대사 전시관에 중동 건설 관련 사진 한 장, 노동자의 편지 한 장 찾아볼 수 없었다. 사막에 흘린 노동자의 땀과 눈물의 역사를 잊어선 안 된다. 그들이 쓴 사막의 일기, 가족과 주고받은 편지, 가족이 보낸 음성 테이프, 건설 작업복, 공사 현장 사진을 수집해 근세사의 기록 유산으로 남겨야 한다.

슈크란 자질란! 대단히 감사합니다!

-《매일경제》(2021.7.31)

천년의 소리

초판 1쇄 발행 2022년 3월 14일
초판 3쇄 발행 2022년 5월 2일

지은이 신현웅

발행인 이재진 단행본사업본부장 신동해 편집장 김경림
진행 송보배 디자인 김덕오 교정교열 강진홍
마케팅 최혜진 최지은 홍보 최새롬
제작 정석훈

브랜드 웅진지식하우스
주소 경기도 파주시 회동길 20
문의전화 031-956-7361 (편집) 031-956-7127 (마케팅)
홈페이지 www.wjbooks.co.kr
페이스북 www.facebook.com/wjbook
포스트 post.naver.com/wj_booking

발행처 ㈜웅진씽크빅
출판신고 1980년 3월 29일 제406-2007-000046호

ⓒ신현웅, 2022
ISBN 978-89-01-25816-4 03100

웅진지식하우스는 ㈜웅진씽크빅 단행본사업본부의 브랜드입니다.